essentials

Essentials liefern aktuelles Wissen in konzentrierter Form. Die Essenz dessen, worauf es als „State-of-the-Art" in der gegenwärtigen Fachdiskussion oder in der Praxis ankommt. *Essentials* informieren schnell, unkompliziert und verständlich

- als Einführung in ein aktuelles Thema aus Ihrem Fachgebiet
- als Einstieg in ein für Sie noch unbekanntes Themenfeld
- als Einblick, um zum Thema mitreden zu können

Die Bücher in elektronischer und gedruckter Form bringen das Fachwissen von Springerautor*innen kompakt zur Darstellung. Sie sind besonders für die Nutzung als eBook auf Tablet-PCs, eBook-Readern und Smartphones geeignet. *Essentials* sind Wissensbausteine aus den Wirtschafts-, Sozial- und Geisteswissenschaften, aus Technik und Naturwissenschaften sowie aus Medizin, Psychologie und Gesundheitsberufen. Von renommierten Autor*innen aller Springer-Verlagsmarken.

Rebecca Caric · Sarah Riedenbauer

Soziale Herkunft

Ein Praxisbuch über soziale Herkunft, Aufstiegshürden und gerechtere Chancen in Unternehmen

 Springer Gabler

Rebecca Caric
Wien, Österreich

Sarah Riedenbauer
Wien, Österreich

ISSN 2197-6708   ISSN 2197-6716 (electronic)
essentials
ISBN 978-3-658-49086-7   ISBN 978-3-658-49087-4 (eBook)
https://doi.org/10.1007/978-3-658-49087-4

Die Deutsche Nationalbibliothek verzeichnet diese Publikation in der Deutschen Nationalbibliografie; detaillierte bibliografische Daten sind im Internet über https://portal.dnb.de abrufbar.

Springer Gabler ist ein Imprint der eingetragenen Gesellschaft Springer Fachmedien Wiesbaden GmbH und ist ein Teil von Springer Nature.
Die Anschrift der Gesellschaft ist: Abraham-Lincoln-Str. 46, 65189 Wiesbaden, Germany

Wenn Sie dieses Produkt entsorgen, geben Sie das Papier bitte zum Recycling.

Was Sie in diesem *essential* finden können

- Eine Einführung in den Begriff der Diversität
- Eine vertiefte Auseinandersetzung mit sozialer Herkunft als vergessene Diversitätsdimension
- Die Auswirkungen sozialer Herkunft auf Bildungs- und Berufschancen
- Eine kritische Auseinandersetzung mit gängigen klassistischen Strukturen
- Praxisnahe Good-Practice-Beispiele österreichischer Unternehmen zur aktiven Förderung sozialer Gerechtigkeit

Soziale Herkunft entscheidet

Inhaltsverzeichnis

Einleitung

1

Es gibt Türen, die öffnen sich sehr einfach. Man möchte nahezu meinen, fast von selbst. Ein kaum merkliches Klicken, ein sanfter Schubs und schon steht man in einem Raum voller Möglichkeiten. Andere Türen hingegen sind schwer. Sie klemmen, ihre Klinken sind glatt und unnachgiebig. Man kann daran drücken, ziehen und rütteln, doch sie geben nicht nach. Und manchmal, wenn man nicht den richtigen Schlüssel bei der Hand hat, bleibt nichts anderes übrig, als von außen durch das Schlüsselloch zu blicken.

Sie sind sich nicht sicher, weshalb Sie eine solche Geschichte im Einleitungstext zu einem Business-Essential lesen? Diese Verbildlichung von Barrieren kann auch auf die Unternehmenswelt umgelegt werden. Karrierewege verlaufen selten linear. Manche Menschen starten scheinbar aus dem Nichts und steigen schnell auf. Andere arbeiten jahrelang hart, ohne jemals die nächste (Karriere-)Stufe zu erreichen. Warum? Weil Erfolg selten nur eine Frage von Talent und Leistung ist. Auch wenn wir das gerne glauben oder uns seit mehreren Generationen so erklärt wird.

In jeder Organisation gibt es ungeschriebene Regeln. Netzwerke, die Türen öffnen. Titel, die Glaubwürdigkeit verleihen. (Soziale) Herkunft, die (un-)bewusst beeinflusst, welchen Personen wir Potenzial zuschreiben und welchen nicht. Und so entscheidet nicht nur, was jemand kann, sondern auch, woher der Mensch kommt, welche Kontakte bestehen und wie gut in bestehende Strukturen „passt".

Wer Talente wirklich erkennen und fördern will, muss diese Mechanismen verstehen und hinterfragen, nach welchen Kriterien wir Potenzial bewerten und ob wir Chancen wirklich gerecht verteilen. In diesem Essential gehen wir genau dieser Frage nach. Es geht darum, die Mechanismen zu verstehen, die (Karriere-)Wege und damit auch den Zugang zu gesellschaftlichen und wirtschaftlichen Ressourcen bestimmen,

© Der/die Autor(en), exklusiv lizenziert an Springer Fachmedien Wiesbaden
GmbH, ein Teil von Springer Nature 2025
R. Caric und S. Riedenbauer, *Soziale Herkunft*, essentials,
https://doi.org/10.1007/978-3-658-49087-4_1

um letztlich eine Arbeitswelt zu fördern, in der die sozial bedingten Asymmetrien zugunsten objektiver Qualifikationen und echtem Talent weichen müssen.

1.1 Was ist Diversität?

Der Terminus „Diversität" – aus dem Englischen „Diversity" und abgeleitet vom lateinischen „diversitas" (Verschiedenheit, Unterschied, Gegensatz) – beschreibt das breite Spektrum an Unterschieden und Gemeinsamkeiten, die Personen und Gruppen kennzeichnen. Diese beinhalten individuelle, soziale und strukturelle Merkmale, die (im soziologischen Sinne) ein reichhaltiges Spektrum an beruflichen und lebensbezogenen Erfahrungen, Perspektiven, Werten und Weltansichten in das Arbeitsumfeld einbringt (Bräuhofer & Rieder, 2019, o. S.). Abschließend bestimmbar sind diese Perspektiven und Sichtweisen jedoch nicht, da der Begriff und das Konzept der Diversität in verschiedenen Kontexten unterschiedlich belegt wird (Bendl et al., 2012, S. 30).

Die Verwendung des Begriffs „Diversität" nahm Mitte der 1980er Jahre in den Vereinigten Staaten ihren Aufschwung, beeinflusst von den emanzipatorischen Bewegungen der 50er und 60er Jahre des 20. Jahrhunderts. Diese historischen Entwicklungen führten dazu, dass die wirtschaftliche Bedeutung von Vielfalt innerhalb von Organisationen immer mehr in den Vordergrund trat. Die Betonung lag darauf, wie unterschiedliche Perspektiven und Fähigkeiten in einer diversen Belegschaft ökonomische Vorteile bringen können (Bendl et al., 2012, S. 30). Es zeichnete sich in den USA eine Neuzusammensetzung der Erwerbsbevölkerung ab: Mehr Frauen, mehr ethnische Minderheiten, mehr Einwander:innen (Benschop et al., 2010, S. 12). Die Unabwendbarkeit und der damit einhergehende Druck, sich mit heterogenen Beschäftigungsstrukturen auseinanderzusetzen, revolutionierte die Wahrnehmung und Stellung menschlicher Unterschiede in Organisationen, indem diese erstmals in der Geschichte des Managements als strategisches Element betrachtet wurden (Boxenbaum, 2006, S. 939).

Als „Gen-Z der Managementdisziplinen" bewegt sich Diversity Management im Verständnis eines ressourcenbasierten Ansatzes, welcher menschliche Vielfalt als einen seltenen, wertvollen und schwer zu imitierenden Blumenstrauß an Ressourcen begreift. Dabei ist jedoch wichtig zu betonen, dass die vorherrschende betriebswirtschaftliche Sichtweise auf Diversität dazu führt, dass Diskussionen über Ungleichheitsverhältnisse und die dahinterliegenden Mechanismen zur Festlegung von Differenzen zunehmend von Debatten über Verteilungsgerechtigkeit und gesellschaftspolitische Zielsetzungen entkoppelt werden (Bendl et al., 2012,

S. 30). Um die inhärente Komplexität menschlicher Vielfalt zu strukturieren und systematisch darzustellen, wird oftmals auf das sogenannte Diversity-Rad (Four Layers of Diversity) zurückgegriffen. Dieses Modell (vgl. Abb. 1.1) erleichtert es, die wesentlichen Unterschiede und Gemeinsamkeiten zu veranschaulichen und zu bearbeiten.

Das „Four Layers of Diversity"-Modell (Rowe & Gardenswartz, 2003), oft auch „Rad der Vielfalt" genannt, gilt als führender Ansatz zur Systematisierung von Diversität und zur Analyse individueller Unterschiede. Es bietet eine

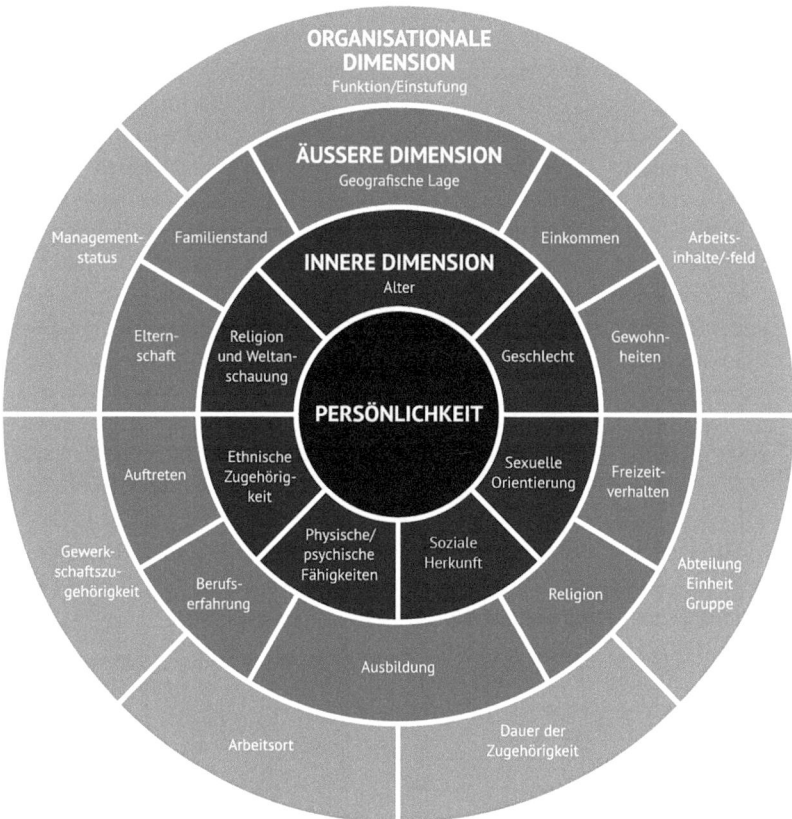

Abb. 1.1 Modell der „4 Layers of Diversity". (Quelle: in Anlehnung an Gardenswartz und Rowe, 2003)

strukturierte Methode, um die Unterschiede und Gemeinsamkeiten innerhalb von Organisationen zu beleuchten und greifbar zu machen und dient als Arbeitsgrundlage, erhebt jedoch keinen Anspruch auf Vollständigkeit. Diversität umfasst dabei die Vielzahl an Merkmalen und Zugehörigkeiten von Individuen oder Gruppen, die sowohl mit Vor- als auch Nachteilen, Privilegien und Diskriminierungen einhergehen können. Diese Aspekte können auf individueller, institutioneller und struktureller Ebene betrachtet werden und betreffen alle, nicht nur spezifische bzw. marginalisierte Gruppen (Bräuhofer & Rieder, 2019, o. S.).

Das Rad der Vielfalt

Im Rad der Vielfalt werden die Merkmale, durch die sich Menschen ähneln oder unterscheiden können, in vier Ebenen eingeteilt. Im Kern dieses Modells steht die Persönlichkeit, die individuelle Eigenschaften sowie Denk- und Verhaltensmuster eines Menschen umfasst. Die darauffolgende Ebene beinhaltet Dimensionen, die als weitgehend unveränderlich angesehen werden und daher als innere Dimensionen oder Kerndimensionen klassifiziert sind (Karagiannakis, 2024, S. 25). Die Kerndimensionen teilen die gemeinsame Eigenschaft, dass sie dazu verwendet wurden, Ungleichheiten zu konstruieren. An ihnen wurde das Exempel statuiert, was als „normal" oder „abweichend" gilt und wer miteinbezogen oder ausgeschlossen wird. Die Dimensionen sind nicht neutral, sondern spiegeln die vorherrschenden Machtverhältnisse wider, durch die privilegierte Gruppen ihre Sichtweisen als Norm verfestigen und abweichende Perspektiven marginalisieren. Es ist anzumerken, dass die Kategorisierung von Diversitätsdimensionen kritisch zu betrachten ist. Sie reflektiert unterschiedliche historische und gesellschaftliche Kontexte unzureichend und kann zur Konstruktion scheinbar homogener Gruppen führen, wir und „die Anderen". Dies fördert die Aufrechterhaltung bestehender Normen und verstärkt Stereotype und Vorurteile (Bendl et al., 2012, S. 31).

Zu den in Österreich gesetzlich geschützten Kerndimensionen zählen:

- Alter,
- Geschlecht,
- sexuelle Orientierung,
- Religion und Weltanschauung,

- Physische und psychische Behinderungen und Fähigkeiten sowie
- die ethnische Zugehörigkeit.

Die Dimensionen der nächsten, äußeren Ebene umfassen Variablen wie das Bildungsniveau, Familienstand, Elternschaft, Wohnort und Gewohnheiten. Diese Kategorien, die sich aus individuellen Lebenserfahrungen und persönlichen Entscheidungen speisen, sind weitgehend veränderlich. Zusätzlich sind in den äußeren Dimensionen Merkmale integriert, die Menschen im Laufe ihres Lebens erwerben (können) und die daher anpassbar sind. Religion und Weltanschauung stellt innerhalb des Schemas eine Besonderheit dar. Diese Dimension wird sowohl den Kern- als auch den äußeren Dimensionen zugeordnet. Dies liegt daran, dass Religion und Weltanschauung häufig nicht frei gewählt werden können, gleichzeitig jedoch die Möglichkeit besteht, das eigene Religionsbekenntnis zu ändern. Diese Dualität macht sie zu einer Dimension, die sowohl inhärente als auch veränderbare Eigenschaften aufweist.

Die organisationale Dimension bildet die äußerste Ebene und umfasst Faktoren wie den Arbeitsinhalt, die Zugehörigkeit zu bestimmten Abteilungen oder Instituten, den Arbeits- oder Studienort sowie die Funktion oder Einstufung innerhalb einer Organisation. Diese Dimensionen sind ebenfalls flexibel und anpassbar. Sie spielen eine entscheidende Rolle in Unternehmen und Organisationen, da sie oft die Basis für Unterschiede in der Behandlung der Mitarbeiter:innen bilden und somit direkt die Unternehmenskultur sowie die operative Effizienz beeinflussen. Je weiter eine Eigenschaft vom Kern des Modells entfernt ist, desto flexibler und wandelbarer ist sie, was jedoch ihren Wert innerhalb des Gesamtkonzepts der Diversität nicht mindert. Jede Dimension trägt gleichwertig zur Gestaltung der Organisationsdynamik und zur Förderung einer inklusiven Arbeitsumgebung bei.

Obwohl das Modell von Gardenswartz und Rowe (2003) die soziale Herkunft nicht als Kerndimension definiert, ist sie zweifellos ein elementarer Aspekt der Diversität. Soziale Herkunft, geprägt durch ökonomische Bedingungen, Bildungsniveau und die sozioökonomische Position der Familie, umfasst familiären Hintergrund, Jugendsozialisation, Bildungsgrad und ethnische Wurzeln. Sie umfasst mehrere, miteinander interagierende Faktoren und muss stets im Kontext weiterer sozialer und (gesellschafts-)politischer Kategorien betrachtet werden. Empirische Belege zeigen, dass die soziale Herkunft maßgeblich den Zugang zu essentiellen Ressourcen wie Netzwerken, Vermögen und Bildungsmöglichkeiten bestimmt und damit Bildungs- und Berufschancen limitiert (Diefenhardt et al., 2023, S. 97; Momentum Institut, 2020, o. S.). Angesichts dieser tiefgreifenden Einflüsse nehmen wir die soziale Herkunft als siebte Kerndimension in das Diversitätsmodell auf, wie in Abb. 1.1 illustriert. Diese Integration betont die intersektionale Natur der sozialen Herkunft, die als fundamentale Achse fungiert und die Wechselwirkungen mit anderen Diversitätsdimensionen unterstreicht.

1.2 Wichtige Aspekte von Vielfalt für Unternehmen

Gemäß Duden (2024, o. S.) bedeutet Vielfalt die Fülle von verschiedenen Arten, Formen o. Ä., in denen etwas Bestimmtes vorhanden ist, vorkommt, sich manifestiert. Auch große Mannigfaltigkeit wird dem Terminus als Bedeutung zugeschrieben. Die Bedeutung für die Gesellschaft und weitergehend für Unternehmen liegt im weitesten Sinne in der sensibilisierten Haltung zu Vielfalt und der Unterschiedlichkeit von Menschen. Es zeigt sich an der angeführten Definition, dass es sich bei der Auseinandersetzung mit Vielfalt nicht um die Bespaßung sogenannter „Randgruppen" handelt, sondern die Gesamtgesellschaft darin umfasst und abgebildet ist. Bereits an dieser Stelle wird deutlich, dass es in der Arbeit mit Vielfalt in Unternehmen und auch im Privatleben kein „Entweder-Oder-Denken" geben kann, es bedarf eines Blickes über den Tellerrand. Das heißt auch, dass die sechs gesetzlich geschützten Kerndimensionen der Diversität nicht als einzelne, voneinander isolierte Puzzlestücke verstanden werden können. Die soziale Herkunft als siebte Diversitätsdimension ist darin bislang (noch) nicht umfasst.

In diesem Zusammenhang muss der Begriff „Intersektionalität" als zentraler Aspekt von Vielfalt aufgegriffen werden. Aktuelle Debatten zu diesem Terminus verweisen auf das Zusammenwirken und die Verwobenheit verschiedener Diversitätskategorien sozialer Ungleichheit sowie auch deren Konnex zu Machtverhältnissen. Dadurch werden gesellschaftliche Umgangsformen verkörpert und es kommt zu einer Verinnerlichung solcher Strukturen, welche identitätsstiftend sind (Degele & Winkler, 2010, S. 28 ff.). Der Begriff der Intersektionalität geht zurück auf Kimberlé Crenshaw, welche die Thematik Ende der 1960er-Jahre im Umfeld des „Black Feminism" diskutiert hat. Sie hat mit der Begrifflichkeit „Intersection" das Bild der Straßenkreuzung geprägt, um die Verschränkung von Diskriminierungserfahrungen aufzuzeigen. Bronner und Paulus (2021, S. 80) regen das Bild eines Kreisverkehrs an. Damit soll auf die Komplexität und die Fluidität der Intersektionalität aufmerksam gemacht und aufgezeigt werden, dass verschiedene Kategorien zu unterschiedlichen Zeitpunkten „einfahren" können und daraufhin eine individuelle Zusammenwirkung erfolgt. Das untenstehende

Zitat von Kimberlé Crenshaw (2010, S. 40) soll die Relevanz des Konzepts (auch für Unternehmen) verdeutlichen:

> „Manchmal ähnelt die Diskriminierung Schwarzer Frauen derjenigen *weißer* Frauen; manchmal machen sie hingegen ähnliche Erfahrungen wie Schwarze Männer. Oft jedoch machen sie eine doppelte Diskriminierungserfahrung – sie spüren die kombinierten Effekte von Diskriminierungspraktiken aufgrund von „Race"* und aufgrund von Geschlecht. Und manchmal machen sie auch die Erfahrung, als Schwarze Frauen diskriminiert zu werden – eine Erfahrung, die eben nicht einfach nur die Summe von rassistischer und sexistischer Diskriminierung ist. Die Erfahrungen Schwarzer Frauen sind also viel breiter, als dass sie mit den allgemeinen Kategorien, die der Diskurs über Diskriminierung bereitstellt, erfasst werden könnten. Dennoch wird immer noch darauf bestanden, dass die Ansprüche und Bedürfnisse durch analytische Kategorien ,gefiltert' werden müssten, die ihre Erfahrungen vollkommen ausblenden – so dass ihre tatsächlichen Belange selten diskutiert werden."[1]

Anhand des angeführten Zitats wird das intersektionale Zusammenwirken verschiedener Diversitätsdimensionen deutlich, was zeigt, welche Auswirkungen es hat und warum eine Auseinandersetzung mit Intersektionalität gesellschaftlich bedeutsam ist. Kategorien können damit nie „für sich" betrachtet werden. Vielmehr bringen sie gesellschaftliche Bedeutungen mit, welche zu Ungleichheit führen (können) (Bronner & Paulus, 2021, S. 82).

Vor diesem Hintergrund stellt sich die Frage, wie rechtliche Rahmenbedingungen und betriebliche Maßnahmen gestaltet sein müssen, um dieser Komplexität in Unternehmen gerecht zu werden. Ein Diskriminierungsverbot aufgrund des Geschlechts wurde in Österreich bereits im Jahre 1979 im Bundesgesetz über die Gleichbehandlung von Frau und Mann im Arbeitsleben erlassen und gilt heute in allen Lebensbereichen. Der Begriff „Geschlecht" beinhaltet in diesem Zusammenhang sowohl das biologische als auch das soziale Geschlecht. Die EU-Richtlinie 2000/78/EG zur Gleichstellung in Beschäftigung und Beruf und EU-Richtlinie 2000/43/EG zu Antirassismus wurden in Österreich erst im Jahr 2004 umgesetzt. Damit beinhaltet das österreichische Gleichbehandlungsgesetz zusätzliche Bestimmungen, welche nur im Bereich „Beschäftigung und Beruf" Schutz vor Diskriminierung aufgrund der ethnischen Zugehörigkeit, Alter, der sexuellen Orientierung und Religion/Weltanschauung vorsehen. Die Diskriminierungsmerkmale Geschlecht und ethnische Zugehörigkeit sind in größerem

---

[1] Innerhalb der Dimension der ethnischen Zugehörigkeit wird häufig, vor dem Hintergrund der historischen Entwicklung sowie der sozial konstruierten und institutionell verfestigten Diskriminierungsformen, der Begriff "Race" verwendet. Die direkte deutschsprachige Übersetzung hierzu wird abgelehnt, da sie ihren Teil zur Verfestigung rassistischen Gedankengutes beiträgt.

Umfang, nämlich in allen Lebensbereichen, einschließlich des Zugangs zu Gütern und Dienstleistungen, gesetzlich geschützt (GlBG; Stadt Wien, 2024, o. S.). Darüber hinaus ist die Diversitätsdimension „Physische und psychische Behinderungen und Fähigkeiten" in anderen Gesetzen, aber auch in der Arbeitswelt gesetzlich geregelt (BEinstG; BGStG; BBG). Somit ist der einzige Bereich unseres Lebens, welcher in nahezu allen Dimensionen vor Diskriminierung schützt, die Arbeitswelt. Trotz der klaren gesetzlichen Regelungen werden die Vorgaben oftmals nicht ausreichend wertgeschätzt oder auch übergangen. Es ist allerdings entscheidend, dass diese Vorschriften nicht nur am Papier existent sind, sondern aktiv gelebt und in den Unternehmensalltag integriert werden. Dahingehend ist jedoch ein weiterer, wesentlicher Aspekt bei der Bearbeitung der Thematik von Vielfalt in Unternehmen jener, dass die Erhebung des moralischen Zeigefingers und die Rolle einer „Kulturpolizei" keine Weiterentwicklung zulassen. Solche Ansätze können eine Atmosphäre des Misstrauens und des Widerstands fördern, anstatt einen Dialog und echtes Verständnis zu ermöglichen. Unternehmen sollten dahingehend vielmehr als lernende Institutionen agieren, die offen für kontinuierliche Entwicklung und Verbesserung sind. Nicht zuletzt aufgrund fehlender „just-in-time"-Reproduzierbarkeit von Arbeitnehmer:innen in Zeiten demografischer und sozioökonomischer Um- und Neugestaltung hat sich Diversität in den letzten Jahren zu einem zentralen, von allen Seiten umhergeworfenen Buzzword interdisziplinärer Diskurse entwickelt, und den Druck auf die Corporate-World erhöht.

Die Faktoren dafür sind so vielfältig wie die Diversität selbst:

- demografische Transformationsprozesse, gesteuert durch die Parameter der Fertilität, Mortalität bzw. Lebenserwartung und Wanderungen (Migration) (Fent & Fürnkranz-Prskawetz, 2019, S. 14),
- dem keulenartig geschwungenen Fachkräftemangel, welcher unausgeschöpftes Arbeitsmarktpotenzial mit sich bringt (Angel et al., 2023, S. 2),
- regulatorischen Rahmenbedingungen im Zuge von Nachhaltigkeits-, Sozial- und Führungsfragen (ESG) sowie
- sich ändernden Ansprüchen an die Erwerbsarbeit an sich.

Diese Aspekte machen eine strategische Verankerung von Diversitätsagenden in Organisationen erforderlich, sowohl zur Wahrung der Lebensqualität und Teilhabe der Mitarbeiter:innen als auch zur Sicherung der langfristigen Lebens- und Leistungsfähigkeit der Organisation selbst. In diesem Zusammenhang liefert die ÖNORM S2501:2020 eine fundierte Grundlage für strategisches Diversitätsmanagement:

Ein strategischer Managementansatz zur gezielten Wahrnehmung, Wertschätzung, Förderung und Nutzung der Vielfalt und Fähigkeiten von Personen und Anspruchsgruppen einer Organisation, um strukturelle, organisationskulturelle und soziale Rahmenbedingungen zu schaffen, damit alle Personen und Anspruchsgruppen ihre Leistungsfähigkeit und -bereitschaft entwickeln und entfalten können, zum Vorteil aller Beteiligten (ÖNORM S2501-2020).

Gerade in Hinblick auf die Herausforderungen, welche sich aus der Demografie ergeben, muss der Fokus in Unternehmen nochmals stärker auf Vielfalt in jeglichen Dimensionen gerichtet werden. Es ist keine unbekannte Variable für den österreichischen Arbeitsmarkt, wenn hier darauf hingewiesen wird, dass die geburtenstarken Jahrgänge der 1960-er Jahre in den nächsten Jahren aus dem Erwerbsleben ausscheiden werden. Diese Pensionierungen können durch die nachrückenden Jahrgänge nicht kompensiert werden. Auch gemäß der Bevölkerungsprognose bis 2040 zeigt sich ein Handlungsbedarf für Unternehmen, welche einen vergleichsweise hohen Anteil an älteren Arbeitnehmer:innen in der Belegschaft aufweisen. Die Jahrgänge der 25-34-Jährigen gehen in diesen Jahren massiv zurück und stagnieren in der Altersgruppe der 20- bis 24-Jährigen. Ein Blick auf die Gesamtbevölkerung zeigt, dass diese weiter steigt und im Jahr 2040 bei 9,6 Mio. liegen wird. Derzeit beträgt der Anteil der Bevölkerung im Alter ab 65 Jahren rund 20 % und wird vermutlich auf 26,5 % im Jahr 2040 steigen. Diese Ungleichheit kann auch durch grenzüberschreitende Migration der Nachbarländer nicht überwunden werden (Bock-Schappelwein & Egger, 2023, S. 34 ff.).

Dieser Umstand kann bereits an der aktuellen Lage am Arbeitsmarkt festgemacht werden. Ungeachtet der rückläufigen Wirtschaftsleistung liegt der Arbeits- und Fachkräftemangel in Österreich im Jahr 2024 auf einem alarmierend hohen Niveau. Gemäß Hochrechnung kann hierzulande von einem geschätzten Fachkräftebedarf von ungefähr 193.000 Personen ausgegangen werden. Diese Zahl bezieht sich auf alle Mitgliedsbetriebe der österreichischen Wirtschaftskammer. Der Mangel betrifft einen Großteil der österreichischen Betriebe, wobei 82 % die Auswirkungen deutlich spüren. Es kommt zu einer erheblichen Zunahme der Arbeitsbelastung für Unternehmer:innen, deren Familienangehörige sowie für die bestehende Belegschaft. Dadurch wird nicht nur die Qualität der erbrachten Leistungen beeinträchtigt, sondern auch die Zufriedenheit der Kund:innen gefährdet. Gleichzeitig schränkt der Mangel die Innovationskraft der Unternehmen ein und bringt wirtschaftliche Einbußen mit sich, insbesondere in Form sinkender Umsätze und steigender Kosten. Angesichts dieser Aspekte wird deutlich, dass der anhaltende Fachkräftemangel die betriebliche Leistungsfähigkeit und Wettbewerbsfähigkeit österreichische Unternehmen massiv unter Druck setzt (Dornmayr & Riepl, 2024, S. 1 f.).

Fazit

Es ist für Unternehmen unverzichtbar, sich mit Vielfalt und Inklusion auseinanderzusetzen. Nicht nur, weil der demografische Wandel uns vor neue Herausforderungen stellt, sondern auch, weil ein „weiter so" schlichtweg keine Option mehr ist. Auch in der Praxis sehen wir, dass viele Unternehmen zwar noch nicht unmittelbar unter starkem Druck stehen, jedoch bereits vorbereitende Maßnahmen ergreifen, um künftig besser auf die Anforderungen reagieren zu können. Dabei stellt sich die grundsätzliche Frage, ob es nicht längst Zeit wäre, diskriminierende Strukturen und Verhaltensweisen endgültig hinter uns zu lassen. Angesichts der Tatsache, dass wir seit Jahrzehnten über die Problematik informiert sind und dennoch zögerlich handeln, wird deutlich: Es ist bereits „5 nach 12". Erst jetzt, da die Folgen immer spürbarer werden, reagieren wir. Das sollte Anlass sein, unsere Haltung und unseren Umgang mit Vielfalt zu hinterfragen und als Gesellschaft und Unternehmen die notwendigen Schritte konsequent zu gehen, um nachhaltigen Erfolg erreichen zu können.

Soziale Herkunft als vergessene Diversitätsdimension

Blicken wir hinter die Kulissen der Vielfalt: Dort, wo Unternehmen sich selbst für ihre Diversität auf die Schulter klopfen (und das zurecht!), herrscht oft ein beklagenswertes und unbewusstes Wegsehen gegenüber einer zentralen Dimension: der sozialen Herkunft. Die tief verwurzelte Form der Diskriminierung aufgrund unserer sozialen Herkunft durchdringt unsere Arbeitswelten, indem sie Individuen basierend auf ihren sozioökonomischen Wurzeln systematisch benachteiligt. Wir alle haben die anschaulichen und emotional aufgeladenen Bilder gesehen, die Diversitätsdebatten um Gleichbehandlung vs. Chancengerechtigkeit illustrieren: Zwei Personen an der Startlinie, die unterschiedlichen Bahnen folgen. Während die eine auf glattem Asphalt dem Ziel entgegeneilt, kämpft die andere Person auf einem Pfad voller Hindernisse. Wir nicken bedächtig, wenn wir diese Gleichnisse sehen und erinnern uns an Selbsterlebtes, Familiengeschichten oder zumindest an eine aufwühlende Nacherzählung einer Bekannten. In der Unternehmenswelt spiegeln diese Bilder eine harte Realität wider und fordern uns dazu auf, den vertrauten DEI-Refrain (Diversity, Equity, Inclusion) kritisch zu betrachten, wenn wir uns mal wieder fragen „wofür steht das E in DEI eigentlich?".

Equity – Chancengerechtigkeit. Ein Begriff, der zu oft als bloßes Ideal behandelt wird, während seine Umsetzung dringend konkrete Aktionen fordert. Denn haben wirklich alle Menschen die gleichen Chancen? Kann sich jede:r leisten, ein unbezahltes Praktikum zu machen? Oder ist es wirklich nur Zufall, dass Fachkräfte aus der Arbeiter:innenklasse rund 12 % weniger verdienen als ihre Kolleg:innen in derselben Berufsgruppe (Social Mobility Foundation, 2023, o. S.)?

Trotz aller Bemühungen um Vielfalt und Inklusion spielt die soziale Herkunft in den meisten DEI-Agenden eine erschreckend geringe bis gar keine Rolle. Wir

R. Caric und S. Riedenbauer, *Soziale Herkunft*, essentials, https://doi.org/10.1007/978-3-658-49087-4_2

debattieren leidenschaftlich über Geschlecht, ethnische Herkunft und die sexuelle Orientierung und das ist auch gut so. Aber wenn wir über soziale Herkunft schweigen, übersehen wir, dass ein wesentlicher Teil unserer Belegschaft unsichtbar und unbemerkt bleibt. Dieses Schweigen ist ein Versäumnis, das wir uns nicht länger leisten können. Unserer Erfahrung nach wollen alle Organisationen ihren Mitarbeiter:innen das Gefühl geben, dazuzugehören. Wer möchte das nicht angesichts der ökonomischen Vorteile von Zugehörigkeit? Studien zeigen, dass ein hohes Zugehörigkeitsgefühl zu einer Steigerung der Arbeitsleistung um 56 %, einer Reduktion des Kündigungsrisikos um 50 % und einer signifikanten Verringerung der Krankheitstage führt (Carr et al., 2019, o. S.).

Doch wie können wir erwarten, dass sich unsere Mitarbeiter:innen zugehörig fühlen, wenn die grundlegendsten Aspekte ihrer Identität – ihre sozialen und ökonomischen Hintergründe – ignoriert oder abgewertet werden? Es ist nicht nur eine Frage der Fairness oder sozialen Verantwortung, sondern eine strategische Notwendigkeit. Doch dieses Ziel ist nur erreichbar, wenn wir anerkennen, wie sehr wir Teil des Problems sind. Und während wir das tun, müssen wir uns fragen: Wo schauen wir hin, wenn wir wegschauen?

2.1 Definitionsversuche – soziale Herkunft, Klassenzugehörigkeit oder doch Klassenherkunft?

Viele der Personen, welche dieses Essential in den Händen halten, werden sich lebhaft an die Zeit der Corona-Pandemie erinnern. Es war eine Ära, die nicht nur unser tägliches Leben auf den Kopf stellte, sondern auch von markanten Slogans begleitet wurde, die tief ins kollektive Gedächtnis eingebrannt sind. Slogans wie „Wien bleibt g'sund. #OIDA", „Du + Ich = Österreich" oder „Zusammen gegen Corona" prägten die mediale Landschaft und wurden zu vermeintlichen Symbolen des Zusammenhalts und der gemeinsamen Krisenbewältigung (ORF, 2022, o. S.; Stadt Wien, 2021, o. S.; Medizinische Universität Graz, 2022, o. S.). Bei genauerem Hinsehen zeigt sich allerdings, dass der Virus nicht unbedingt ein „Gleichmacher" innerhalb der Gesellschaft war. Krisenzeiten wirken oft wie ein Brennglas, das bestehende soziale Ungleichheiten sichtbar macht und verschärft. Die Corona-Pandemie bildet dabei keine Ausnahme. Während einige Menschen sich im Schutz ihrer eigenen vier Wände auf das Wesentliche konzentrieren konnten, stellte der Lockdown für andere eine existenzielle Herausforderung dar. Fragen der Wohnsituation und des Zugangs zu grundlegenden Ressourcen rückten plötzlich in den Fokus. Ebenso wie die Vereinbarkeit von Beruf und Care-Arbeit, gerade in systemrelevanten Berufen (Altieri, 2022,

S. 7; Seeck, 2023, S. 9). Ungeachtet der Auswirkungen der Corona-Pandemie, die weltweit über 20 Mio. Menschenleben gefordert hat, befinden wir uns in einer Zeit multipler und tiefgreifender Krisen. Hunger, Inflation und die eskalierenden Folgen des Klimawandels stellen die globale Gesellschaft vor immense Herausforderungen. Erstmals seit 25 Jahren wurde außerdem ein Anstieg der Armut verzeichnet. Gleichzeitig gibt es auch Nutznießer:innen dieser Entwicklungen: Die Vermögen der reichsten Individuen haben sich erheblich vermehrt, während Unternehmensgewinne Höchststände erreichen. Dieser Trend zeigt eine Entwicklung auf, welche die soziale Ungleichheit in alarmierenden Maßen verschärft. Die Autor:innen der Studie „Survival of the Richest" (2023) gelangten auf Grundlage der Daten von Credit Suisse zu dem Ergebnis, dass 1 % der Weltbevölkerung fast zwei Drittel (26 Billionen US-Dollar) des seit 2020 generierten Vermögens besitzen. Das entspricht nahezu dem Doppelten des Vermögens der übrigen 99 % der Weltbevölkerung, das sich auf 16 Billionen US-Dollar beläuft (Christensen et al., 2023, S. 4 f.).

Diese soziale Ungleichheit, welche aus den oben genannten Quellen und Studien hervorgeht, steht in engem Zusammenhang mit den Begriffen soziale Herkunft, Klassenzugehörigkeit und Klassenherkunft, welche zwangsläufig in der Auseinandersetzung mit dem Terminus Klassismus münden. Der Begriff hat seine Ursprünge in sozialen (Empowerment-)Bewegungen als auch eine Verortung in Teilen wissenschaftlicher Fachtexte in verschiedenen Disziplinen (Gamper & Kupfer, 2024, S. 15). Nach Seeck (2023, S. 17) beschreibt Klassismus die Diskriminierung basierend auf Klassenherkunft oder Klassenzugehörigkeit. Klassismus diskriminiert insbesondere Menschen aus der Armuts- und Arbeiter:innenklasse, darunter befinden einkommensschwache, erwerbslose und wohnungslose Personen sowie Kinder aus Arbeiter:innenfamilien.

Klassismus umfasst zudem die Schaffung und bewusste Aufrechterhaltung von Klassenverhältnissen, die wesentlich durch Ausbeutung gekennzeichnet sind. Armut und Reichtum stehen hierbei in einer untrennbaren Wechselwirkung. Die einen sind arm, weil die anderen reich sind. Dieser Ausbeutungsdynamik gehen oftmals Gewalt und Machtausübung voraus, welche die bestehenden Machtunterschiede weiter verstärken. Klassismus muss daher, ähnlich wie Sexismus und Rassismus, unter den Aspekten von Unterdrückung, insbesondere Gewalt, Macht, Ausbeutung und sozialer Ausgrenzung, betrachtet werden (Kemper & Weinbach, 2021, S. 165). Nach Gamper und Kupfer (2024, S. 12) ist Klassismus mehr als nur eine Ansammlung von Vorurteilen und Stereotypen, die durch das Entwickeln von Empathie und Respekt für Menschen in prekären Verhältnissen überwunden werden können. Zrenchik & McDowell (2012, S. 102) bezeichnen Klassismus auch als greifbares Ergebnis sozialer und wirtschaftlicher Ungerechtigkeit.

Die Frage, warum der Begriff Klassismus an Stelle von Klassenzugehörigkeit verwendet werden sollte, ergibt sich aus der unterschiedlichen Bedeutung beider Begriffe. Klassenzugehörigkeit beschreibt einen objektiven Zustand, der auf empirisch messbaren Daten wie Einkommen, Vermögen, Bildungsabschlüssen o. Ä. basiert und sozialen Konstruktionen folgt. Klassismus hingegen ist der Prozess, der Klassenstrukturen produziert und reproduziert (Gamper & Kupfer, 2024, S. 13).

„It is important to note that social class cannot exist without classism, because classism is the behavioral and attitudinal manifestations that buttress stratification and inequality […]. Hence, a need exists to go beyond stratification theory and the use of ‚objective' criteria to understand social class and classism." (Liu et al., 2004, S. 100).

Die Wahl des Begriffs „Soziale Herkunft" spiegelt unser Bestreben wider, die Komplexität sozialer Lage umfassend abzubilden und hebt zusätzlich hervor, dass diese das Ergebnis tief verwurzelter sozialer, kultureller und historischer Prozesse ist. Mit der Verwendung dieser Begrifflichkeit wird unterstrichen, dass individuelle Lebensläufe und Chancen von weit mehr Faktoren beeinflusst werden, als es rein objektive Daten vermuten lassen. Dadurch wird die Bedeutung von übergeordneten sozialen Kontexten betont, die bereits vor der individuellen Biografie wirken und maßgeblich zur Reproduktion von Ungleichheit beitragen. Im Hinblick auf die Anschlussfähigkeit von Begrifflichkeiten wurde sich bewusst für diese Ausdrucksweise entschieden, um einen klaren und konsistenten Begriff zu gewährleisten, der sowohl in wissenschaftlichen als auch praktischen Diskursen anerkannt ist und verständlich bleibt.

2.2   Strukturelle Barrieren in Hinblick auf die soziale Herkunft

Barrieren begrenzen die Teilhabe an gesellschaftlichen Diskursen und manifestieren sich in drei zentralen Formen: als ausschließende, als anpassungsfordernde sowie als solche, die sich auf die Sprechenden selbst beziehen. Letztere betreffen die Frage, wer überhaupt als jemand gilt, der etwas sagen darf oder ernst genommen wird. Dabei können diese Hindernisse sowohl offen erkennbar als auch subtil und schwerer fassbar sein. Eine mögliche sozialpolitische Reaktion darauf ist das

Konzept der Barrierefreiheit. Dieses birgt jedoch ambivalente Herausforderungen. Etwa durch die Einführung von Standards, die zwar den Zugang für einige erleichtern, gleichzeitig aber unbeabsichtigt andere Gruppen weiter ausschließen können (Trescher, 2021, S. 451).

Diese Dynamik zeigt sich besonders deutlich im Kontext der sozialen Herkunft. Strukturelle Barrieren in Unternehmen und der Gesellschaft basieren nicht nur auf expliziten Ausschlüssen, sondern oft auf stillschweigenden Erwartungen und unausgesprochenen Normen. Eine Person mit weniger privilegierter sozialer Herkunft, sieht sich häufig mit subtilen Hürden konfrontiert, die den Zugang zu bestimmten Positionen, Netzwerken und Ressourcen erschweren. Diese Barrieren sind nicht immer offensichtlich, wirken aber dennoch nachhaltig auf Karrierewege und soziale Mobilität.

Soziale Ungleichheit entsteht, wenn bestimmte gesellschaftliche Positionen mit ungleicher Verteilung von Ressourcen und Belohnungen einhergehen und hierarchisch bewertet werden. Entscheidend ist dabei nicht allein der Unterschied zwischen sozialen Gruppen, sondern die Einordnung dieser Unterschiede in eine Werteskala, etwa als „besser oder schlechter" oder „höher oder niedriger" beispielsweise in Bezug auf das Einkommen oder das gesellschaftliche Ansehen. Damit diese Ungleichheit als strukturell gilt, muss sie über längere Zeit institutionalisiert sein, also durch gesellschaftliche Normen und Regeln gefestigt werden. Besonders problematisch wird dies, wenn der Zugang zu bestimmten Positionen gezielt eingeschränkt oder von privilegierten Gruppen monopolisiert wird, sodass soziale Mobilität erschwert oder verhindert wird. Soziale Ungleichheit ist somit ein sich selbst verstärkendes System. Sie wird sowohl durch individuelles, kollektives und gesellschaftliches Handeln geschaffen und aufrechterhalten als auch umgekehrt selbst zu einem bestimmenden Faktor für zukünftige Handlungs- und Aufstiegsmöglichkeiten (Gamper & Kupfer, 2024, S. 45 f.).

Die Studie von Schönherr und Leibetseder (2019) zeigt auf, dass gerade strukturelle Barrieren von Menschen selten auch so wahrgenommen und dementsprechend hinterfragt werden. Diskriminierung aufgrund der sozialen Herkunft wird für Individuen meist sichtbar, wenn es um Formen der Zugangsdiskriminierung geht. Das beginnt bereits in jungen Jahren, wenn Kinder oder Jugendliche beispielsweise von schulischen Exkursionen oder Schulveranstaltungen aus nicht nachvollziehbaren Gründen ausgeschlossen oder einen Ausbildungsplatz aufgrund persönlicher Merkmale nicht bekommen haben. Beim Ausschluss von Ausflügen führen die befragten Personen der Studie diesen Umstand zu 29 % ausschließlich auf die soziale Herkunft zurück. Der Grund der Absage für Ausbildungsplätze wird zu 40 % aufgrund der sozialen Herkunft vermutet. Auch der Bildungshintergrund der Eltern ist ein zentraler Aspekt. Junge Menschen, die Eltern ohne Matura haben, sind häufiger bestimmten Formen der Diskriminierung in der Schule ausgesetzt. Diese wird aber nicht immer auf die soziale Herkunft zurückgeführt. Mit Blick auf Personen unter 30 zeigt sich, dass hier die soziale Herkunft erst als möglicher Grund für Schlechterbehandlung in Erwägung gezogen wird, wenn im Arbeitsbereich eine Zugangsdiskriminierung erlebt wurde. Darüber hinaus fühlen sich niedrigqualifizierte Personen, die maximal einen Pflichtschulabschluss haben, Menschen mit einem Nettoeinkommen von weniger als 1000 € im Monat als auch Menschen in armutsgefährdeten Haushalten häufiger durch ihre soziale Herkunft schlechter behandelt (Schönherr & Leibetseder, 2019, S. 6 f.).

Letztere genannte Personen fallen auch unter den Begriff „working poor". Dieser Terminus umfasst die Personen, deren Haushaltseinkommen trotz Erwerbstätigkeit weniger als 60 % des Medianeinkommens beträgt und somit unter der Armutsgefährdungsschwelle liegt. Im Jahr 2023 lebten in Österreich rund 316.000 Personen, ungefähr 8 % der Menschen im arbeitsfähigen Alter, trotz Erwerbstätigkeit in Armut. Im Vergleich zu 2020, als diese Zahl noch bei 289.000 Menschen lag, ist die Gruppe der sogenannten „working poor" somit um etwa 9 % gewachsen. Besonders gefährdet sind vulnerable Gruppen. Beinahe jede dritte erwerbstätige, aber armutsbetroffene Person ist eine alleinerziehende Frau (28 %). Darüber hinaus besitzen 20 % der Betroffenen keine österreichische Staatsbürgerschaft und etwa 19 % leben in Haushalten mit mehr als drei Kindern (Achleitner et al., 2024, S. 21).

Fazit

Die Zunahme der Gruppe der „working poor" ist ein Symptom tief verwurzelter struktureller Barrieren, die weit über Einkommensarmut hinausgehen und eng mit sozialer Herkunft verknüpft sind. Der Arbeitsmarkt spiegelt bestehende Machtverhältnisse wider: Bildungszugang, Netzwerke und Aufstiegsmöglichkeiten sind nach wie vor ungleich verteilt. In Österreich sind prekäre Beschäftigungsformen, trotz Kollektivverträgen und Mindestlöhnen und einer gewissen arbeitsrechtlichen Absicherung, häufig Realität für weniger sozial privilegierte Menschen. Unternehmen tragen daher eine zentrale Verantwortung, nicht nur in der Gestaltung fairer Arbeitsbedingungen, sondern auch in der aktiven Förderung von Chancengerechtigkeit. Ohne gezielte Maßnahmen zur Überwindung sozialer Ungleichheiten bleibt der Arbeitsmarkt ein Ort, an dem (soziale) Herkunft mehr über beruflichen Erfolg oder Misserfolg entscheidet als Talent, Leistung oder Qualifikation.

Soziale Mobilität in Unternehmen 3

Der Terminus Mobilität bezieht sich auf die Bewegung von Individuen innerhalb der Gesellschaft. Grundsätzlich werden dabei räumliche Mobilität und soziale Mobilität differenziert. Soziale Mobilität beschreibt den Übergang von Menschen zwischen verschiedenen gesellschaftlichen Positionen, insbesondere den Wechsel zwischen Berufsgruppen oder sozialen Klassen. Mobilitätsprozesse im Allgemeinen kennzeichnen sich durch ihren vielschichtigen Verlauf (Geißler, 2006, S. 255).

Die soziale Mobilität ist und bleibt somit ein Gradmesser für Chancengerechtigkeit und Durchlässigkeit innerhalb einer Gesellschaft. Diese Durchlässigkeit ist in Österreich gering, wirtschaftlicher Erfolg hängt stark von der Herkunft ab, und der gesellschaftliche Aufstieg bleibt für viele unerreichbar. Gleichzeitig ist das Vermögen hochgradig konzentriert. Studien (Christensen et al., 2023; OECD, 2018) zeigen, dass der Reichtum noch stärker in den Händen weniger liegt als lange angenommen. Diese ungleiche Verteilung von Ressourcen verstärkt bestehende Strukturen und verfestigt soziale Barrieren. Die Einkommensverteilung einer Gesellschaft gibt Aufschluss darüber, wie ungleich wirtschaftliche Ressourcen zu einem bestimmten Zeitpunkt verteilt sind. Sie zeigt, wie viele Menschen sich auf den verschiedenen Einkommensstufen befinden und ermöglicht so eine Einschätzung der ökonomischen Disparitäten. Gemäß der Definition ist eine Bewegung im Rahmen der sozialen Mobilität nach oben als auch nach unten möglich. Dabei lassen sich verschiedene Zeithorizonte differenzieren. Die intergenerationale Mobilität misst den Zusammenhang zwischen dem Einkommen der Eltern und dem ihrer Kinder. Eine hohe Korrelation deutet darauf hin, dass wirtschaftliche Verhältnisse über Generationen hinweg vererbt werden.

R. Caric und S. Riedenbauer, *Soziale Herkunft*, essentials, https://doi.org/10.1007/978-3-658-49087-4_3

Beispielsweise erreicht die Tochter einer Ärztin mit demselben Beruf ein vergleichbares Einkommensniveau. Wird die Einkommensentwicklung über mehr als zwei Generationen hinweg betrachtet, spricht man von multigenerationaler Mobilität. Diese Perspektive erlaubt eine noch umfassendere Einschätzung der sozialen Durchlässigkeit einer Gesellschaft (Berthold & Gründler, 2017, S. 23).

In zahlreichen OECD-Ländern, sowie in Österreich, zeigt sich die Sorge über fehlende soziale Mobilität. Viele Personen gehen davon aus, dass ihr Erfolg im Leben stark vom sozioökonomischen Hintergrund der Familie abhängt. Das wiederum bedeutet, dass die soziale Mobilität zwischen den Generationen gering ausfällt (Förster & Königs, 2019, S. 23). Ein Mangel an sozialer Mobilität kann die Grundlage für wirtschaftliches Wachstum erheblich schwächen. Wenn Menschen mit wenig privilegierter sozialer Herkunft kaum Aufstiegschancen haben, bleiben zahlreiche Talente unentdeckt oder ungenutzt. Gleichzeitig bedeutet dies, dass vielversprechende Investitionsmöglichkeiten oder Geschäftsideen nie verwirklicht werden können, da Menschen mit geringem Einkommen oft nicht investieren (können). Sei es aufgrund fehlender finanzieller Mittel, mangelnder Informationen über Investitionschancen oder unzureichender familiärer Ressourcen, um mögliche Risiken abzufedern. Das schmälert die gesamtwirtschaftliche Produktivität und hemmt das langfristige Wachstum. Am anderen Ende der Gesellschaft führt eine fehlende Durchlässigkeit dazu, dass wirtschaftliche Vorteile in den oberen Schichten verfestigt werden, während vielen talentierten Individuen der Zugang zu Bildung und beruflichen Möglichkeiten verwehrt bleibt. Der Erfolg derjenigen an der Spitze der Gesellschaft (und ihrer Kinder) darf jedoch nicht auf Kosten anderer gesichert werden. Diese Barrieren schaden der gesamten Gesellschaft und führen zu erheblichen Effizienzverlusten (OECD, 2018, S. 23).

In einem durchschnittlichen OECD-Land könnte es etwa vier bis fünf Generationen dauern, bis jemand aus dem unteren Zehntel der Einkommensverteilung das Durchschnittseinkommen erreicht. Außerdem festigen sich Privilegien oder Benachteiligungen stark im Laufe des Lebens. Das zeigt sich besonders am oberen und unteren Ende der Einkommensverteilung (Förster & Königs, 2019, S. 19 f.).

Ein nachhaltiger gesellschaftlicher Fortschritt kann angesichts dessen nur gelingen, wenn soziale Mobilität aktiv gefördert wird. Eine Gesellschaft, in der soziale Herkunft über Chancen entscheidet, ignoriert nicht nur das Potenzial zahlreicher Individuen, sondern gefährdet langfristig auch die wirtschaftliche Stabilität und den sozialen Zusammenhalt. Unternehmen, Bildungseinrichtungen und politische Akteur:innen tragen eine gemeinsame Verantwortung, strukturelle Hürden abzubauen und einen offenen Zugang zu beruflichen und wirtschaftlichen Möglichkeiten zu gewährleisten. Denn nur eine Gesellschaft, die soziale Aufwärtsmobilität ermöglicht, kann Innovationskraft, Chancengerechtigkeit und wirtschaftlichen Wohlstand sichern.

3.1 Der Leistungsmythos: Kann ich wirklich alles werden, was ich will?

„Vom Tellerwäscher zum Millionär" – kaum eine Redewendung verkörpert den Glauben an das Leistungsprinzip so eindrücklich wie diese. Sie erzählt die Geschichte des Aufstiegs, die Verheißung unbegrenzter Möglichkeiten: Wer hart arbeitet, wer sich anstrengt, wer Durchhaltevermögen beweist, kann es ganz nach oben schaffen. Oder, um es mit einem anderen bekannten Sprichwort zu sagen: „Jeder ist seines Glückes Schmied". Doch wie viel Wahrheit steckt tatsächlich in dieser Vorstellung? Ist Erfolg wirklich nur eine Frage des persönlichen Einsatzes, oder entscheidet am Ende doch eher die soziale Herkunft darüber, wie weit es nach oben gehen kann? Wie viel wiegt der eigene Fleiß im Vergleich zu Faktoren wie familiärem Umfeld, Bildungszugang, finanziellen Ressourcen oder gesellschaftlichen Netzwerken? Und vor allem: Wer profitiert von der Erzählung, dass allein Leistung über Erfolg bestimmt?

Die Gerechtigkeitsforschung In der modernen Gesellschaft gilt das Prinzip der Meritokratie als zentrales Leitbild. Dieses Leistungsprinzip entstand historisch als Gegenentwurf zur feudalen Ständeordnung, insbesondere zur Aristokratie, in der soziale Herkunft und Abstammung den gesellschaftlichen Wert bestimmten. Im Gegensatz dazu basiert das „meritokratische Ideal" (Rothmüller & Wagner, 2017, S. 106) darauf, dass individuelle Begabung, Leistung und Erfolg ausschlaggebend für soziale Positionierung sowie für beruflichen Auf- oder Abstieg sind. Demnach soll nicht die Herkunft, sondern die persönliche Kompetenz und Leistung über Karrierechancen und gesellschaftlichen Fortschritt entscheiden (Becker & Hadjar, 2009; Aulenbacher, 2018).

Die Gerechtigkeitsforschung unterscheidet vier zentrale Prinzipien, die als Maßstab für die Verteilung von Ressourcen und Lasten dienen. Das Gleichheitsprinzip postuliert eine gleichmäßige Verteilung auf alle Mitglieder einer Gesellschaft. Das Leistungsprinzip hingegen sieht vor, dass diejenigen, die

größere Leistungen erbracht haben, entsprechend mehr erhalten. Das Bedarfsprinzip rückt die individuellen Grundbedürfnisse in den Fokus und fordert eine
Verteilung, die deren Deckung sicherstellt. Das Anrechtsprinzip orientiert sich an
bestimmten Statusmerkmalen wie Alter oder gesellschaftlicher Anerkennung und
berücksichtigt dabei Vergangenes oder auch die soziale Herkunft als maßgebliche
Einflussfaktoren (Eisenecker et al., 2018, S. 2).

   Die Vorstellung, dass unsere Gesellschaft auf dem Prinzip der individuellen
Leistung beruht, ist eine weit verbreitete Annahme und zugleich eine Illusion.
Das sogenannte Leistungsprinzip oder auch der Leistungsmythos basiert auf drei
wesentlichen Fiktionen. Die erste Illusion besteht in der Annahme, dass jeder
Mensch allein für Erfolg oder Misserfolg verantwortlich ist. Diese Vorstellung
verkennt, dass Aspekte wie soziale Herkunft, Geschlecht, Hautfarbe oder gesellschaftliche Machtverhältnisse maßgeblich beeinflussen, welche Chancen jemand
überhaupt hat. Die Soziologin Johanna Hofbauer (2021) betont, dass Leistung
nicht isoliert betrachtet werden kann, da bereits bestehende Ungleichheiten die
Möglichkeiten zur Entfaltung von Leistung erheblich verzerren. Wer etwa in
privilegierten Verhältnissen aufwächst, hat von Anfang an bessere Bildungschancen, mehr finanzielle Sicherheit und ein unterstützendes Netzwerk. Ein weiteres
Problem ist die Annahme, dass Leistung objektiv messbar sei. Während sich physische Arbeit in Zahlen und Einheiten ausdrücken lässt, ist geistige oder soziale
Arbeit weitaus schwerer zu quantifizieren. Die Bewertung von Leistung unterliegt stets subjektiven Faktoren, sei es durch gesellschaftliche Vorurteile oder
durch unausgesprochene Normen. Selbst automatisierte Bewertungssysteme ent-
halten Vorurteile, da diese durch Menschen mit gesellschaftlichen Vorstellungen
programmiert werden. Leistung ist somit auch immer eine Frage der Wahrnehmung und der gesellschaftlichen Zuschreibung. Die dritte Fiktion suggeriert, dass
Leistung das Resultat einzelner Individuen sei. In Wirklichkeit jedoch ist unsere
Gesellschaft hochgradig arbeitsteilig organisiert, was bedeutet, dass Erfolg nie
allein auf eine Person zurückzuführen ist. So wie in Gruppenarbeiten einige
Mitglieder mehr und andere weniger beitragen, ohne dass die Leistung fair
zugeordnet werden kann, verhält es sich auch in der Arbeitswelt. Beispielsweise mag ein:e hochproduktive:r Arbeiter:in seine:ihre Effizienz nur deshalb
aufrechterhalten, weil privat der Rücken durch eine andere Person freigehalten
wird. Entweder durch unbezahlte Care-Arbeit oder durch andere unterstützende
Strukturen. Gleichzeitig haben Personen mit größerer sozialer Verantwortung,
wie beispielsweise Alleinerziehende, oft nicht so günstige Bedingungen, um ihre
volle Leistung abzurufen. Wer nur die individuelle Leistung betrachtet, blendet
die gesellschaftlichen Rahmenbedingungen aus, die Erfolg erst ermöglichen oder

verhindern (Hofbauer, 2021, o. S.; Moss-Racusin et al., 2012, o. S.; Hillmert, 2019, o. S.).

> Nach Hillmert (2019, S. 2) ist die Idee der Leistungsgerechtigkeit richtungsweisend für moderne Gesellschaften. Der Verweis auf das Leistungsprinzip oder umgangssprachlich die Aussage „Wenn du dich nur mehr anstrengst, kannst du alles schaffen" stellt daher eine typische Legimitation für Ungleichheit dar. Der Leistungsmythos suggeriert, dass Erfolg ausschließlich auf individueller Anstrengung beruht, während soziale Herkunft, Netzwerke und strukturelle Rahmenbedingungen maßgeblich über den (beruflichen) Erfolg entscheiden. Für Unternehmen bedeutet das: Eine reine Fokussierung auf Leistung vernachlässigt ungleiche Startbedingungen und reproduziert bestehende Ungleichheiten. Wie in Kap. 4 anhand erfolgreicher Good-Practice-Beispiele aufgezeigt wird, können transparente Karrierepfade, objektive Leistungsbewertung und gezielte Förderprogramme ungleiche Startbedingungen ausgleichen.

3.2 Anna, Christian, Aleksandra und Bilal: Bewusstsein für unterschiedliche Lebensrealitäten

Wie oft hinterfragen Sie die unsichtbaren Mauern, die durch die bloße Zufälligkeit der Geburtslotterie zugeteilt werden?

Sozialen Barrieren prägen alle Aspekte unseres Lebens: wo und wie wir aufwachsen, lernen, arbeiten, altern und wie wir die Welt sehen. Sie beeinflussen unsere Gesundheit und unsere Chancen, begünstigen oder verhindern den Zugang zu Ressourcen und setzen einige von uns einem höheren Risiko aus, Armut oder Gewalt zu erfahren. Die Lebensrealitäten, denen wir begegnen, sind tief verwurzelt in den Bedingungen unserer sozioökonomischen Herkunft, welche wiederum unsere Bildungschancen und beruflichen Möglichkeiten beeinflussen. Eine Kettenreaktion der Benachteiligung: Untersuchungen zeigen, dass Diskriminierung im Arbeitsbereich nicht nur den Zugang zu Chancen verhindert, sondern auch einen sozialen Aufstieg erschwert und oft zu einem sozialen Abstieg führt (Schönherr & Leibetseder, 2019, o. S.).

Wie bereits in Abschn. 1.2 erörtert, ist die soziale Herkunft rechtlich nicht geschützt, betrifft aber bedeutend viele Menschen. Etwa ein Fünftel der Menschen in Österreich berichtet von subjektiven Diskriminierungserfahrungen bei der Arbeit oder beim Zugang zu Arbeit in den letzten drei Jahren vor der Befragung (2016–2018). 21 % geben als Grund dafür ihre soziale Stellung innerhalb der Gesellschaft an, was nach Geschlecht und ethnischer Herkunft den Bronzeplatz begründet. Hierbei ist zu erwähnen, dass die subjektive Diskriminierungserfahrung der Befragten jedoch nicht immer der rechtlichen Definition von Diskriminierung entspricht, sondern die wahrgenommene soziale Lage der Personen widerspiegelt, wie etwa Bildungsniveau, Einkommen oder Erwerbsstatus (Schönherr & Leibetseder, 2019, o. S.).

In diesem Kapitel werden vier fiktive Personas vorgestellt, die unterschiedliche soziale Herkünfte und damit verbundene Herausforderungen in der österreichischen Gesellschaft repräsentieren (sollen). Die Konstruktion der Personas bedient sich stereotyper Darstellungen, die aufgrund ihrer Simplizität und Generalisierung sowie der Zuordnung von Fremdgruppen – „die Anderen", „alle Menschen dieser Gruppe sind so" – kritisch betrachtet werden müssen. Ebenso wichtig in diesem Zusammenhang ist die Kritik an Personas per se zu erwähnen, welche dazu neigen, die Komplexität und Vielfalt tatsächlicher Lebensrealitäten zu limitieren. Dennoch greifen wir auf Personas zurück, weil sie helfen, abstrakte gesellschaftliche Strukturen und Ungleichheiten greifbar zu machen. Sie ermöglichen es, soziale Dynamiken anschaulich darzustellen und so ein besseres Verständnis für die Auswirkungen von Privilegien, (unbewussten) Vorurteilen und Diskriminierung zu schaffen.

Die folgenden Geschichten sollen ein Gefühl dafür geben, wie unterschiedlich der Zugang zu Ressourcen sein kann und welche Herausforderungen sich daraus in der österreichischen Arbeitswelt ergeben (können) und einen Blick auf Frage „Haben wir wirklich alle die gleichen Startbedingungen?" werfen. Sie sind nicht als starre Schablonen zu verstehen, sondern als Denkanstöße, die die Leser:innen dazu anregen sollen, über Mechanismen von Privilegien und Benachteiligungen in unserem (Berufs-)Alltag zu reflektieren.

Anna Gruber

Anna wächst in einer niederösterreichischen Kleinstadt auf, gemeinsam mit ihrer Mutter, die als Friseurin arbeitet. Ihr Vater verlässt die Familie früh, Kontakt gibt es kaum, Unterhaltszahlungen kommen unregelmäßig. Ihre Mutter arbeitet oft über die regulären Stunden hinaus, um die Fixkosten zu decken. Unerwartete Ausgaben wie eine kaputte Waschmaschine oder eine kostspielige zahnmedizinische Rechnung bedeuten, dass an anderer Stelle gespart werden muss.

Als es um die Schulwahl geht, stehen praktische Überlegungen im Vordergrund. Ein Gymnasium würde längere Ausbildungszeiten und höhere Kosten für Schulmaterialien bedeuten. Eine Lehrstelle verspricht einen schnelleren Zugang zum Arbeitsmarkt und damit finanzielle Eigenständigkeit. Anna entscheidet sich für eine Lehre als Bürokauffrau, die es ihr ermöglicht, rasch ins Berufsleben einzusteigen. Nach dem Lehrabschluss beginnt sie als Bürokraft in einer mittelständischen Firma zu arbeiten und startet eine berufsbegleitende Weiterbildung als Diplom-Buchhalterin, um ihre Kenntnisse und Fähigkeiten zu vertiefen und sich für die nächsten Karriereschritte vorzubereiten. Doch als ihre Mutter schwer erkrankt, muss sie ihre Arbeitszeit auf ein geringfügiges Ausmaß reduzieren und ihre Weiterbildung unterbrechen. Zwei Jahre lang liegt ihr Berufsleben auf Eis.

Nach und nach geht es Annas Mutter besser. Als Anna sich wieder vollkommen auf die Arbeit konzentrieren möchte, gibt es für sie bei ihrem Arbeitgeber keine Möglichkeit mehr, als Vollzeitarbeitskraft zurückzukehren. Sie erkundigt sich nach den Möglichkeiten ihre Ausbildung fortzusetzen und erfährt, dass sie ein Jahr warten muss, da die Kurse, die sie bei ihrer lokalen Bildungseinrichtung verpasst hat, gerade erst durchlaufen wurden und nur einmal pro Jahr angeboten werden. Nachdem sie all ihren Mut zusammengenommen hat, kündigt sie ihre aktuelle Beschäftigung und bewirbt sich auf die wenigen offenen Stellen in der Umgebung. Anna wird zu zwei Erstgesprächen eingeladen. Sie laufen gut, bis zu dem Punkt, an dem sie nach der Lücke im Lebenslauf und dem Abbruch ihrer Weiterbildung gefragt wird. Die Pflege eines Angehörigen zählt nicht als formale Qualifikation.

Christian Wagner

Christian wächst im 18. Wiener Gemeindebezirk auf, in einer Familie, in der Bildung, finanzieller Wohlstand und berufliche Netzwerke selbstverständlich sind. Sein Vater ist Unternehmer, seine Mutter Juristin und in leitender Position tätig. Beide haben erfolgreiche Bildungs- und Karrierewege durchlaufen und wissen, welche Faktoren für langfristigen beruflichen Erfolg entscheidend sind.

Von klein auf ist Christian von Ressourcen umgeben, die ihm nicht nur Wissen, sondern auch kulturelles und soziales Kapital vermitteln. Bücher, Musikunterricht, Sprachreisen und Vereinsaktivitäten sind fixer Bestandteil seines Alltags. Seine Eltern haben Zugang zu Informationen über das Schulsystem, kennen die Unterschiede zwischen den Gymnasien und wählen gezielt eine Schule, die ihm sowohl akademische Exzellenz als auch wertvolle Netzwerke bietet. Falls es in Mathematik oder Latein einmal Schwierigkeiten gibt, stehen private Nachhilfestunden bereit.

Nach der Matura ist ein Studium nicht nur eine Option, sondern der nächste logische Schritt. Während viele seiner Kommiliton:innen Nebenjobs annehmen müssen, um sich das Leben zu finanzieren, kann er sich voll und ganz auf sein wirtschaftsrechtliches Studium konzentrieren. Praktika in renommierten Unternehmen sind leicht zugänglich, nicht nur durch seine hervorragenden Leistungen, sondern auch durch Empfehlungen aus dem Umfeld seiner Eltern. Als er sich nach dem Studium auf Einstiegspositionen bewirbt, kennt er die unausgesprochenen Codes von Bewerbungsgesprächen und beruflichen Netzwerken bereits. Mentoring, Ratschläge aus dem Familienkreis und informelle Empfehlungen erleichtern ihm den Einstieg. Christian macht rasch Karriere. Er wechselt gezielt Positionen, übernimmt mit Anfang 30 erste Führungsverantwortung und macht sich als geschickter Manager einen Namen. Auslandseinsätze gehören zur Karriereplanung dazu, und mit einer Nanny, die sich um die Kinder kümmert, sowie einer Ehefrau, die zu Hause bleibt, lässt sich das Familienleben gut organisieren.

Als sein Vater stirbt, übernimmt er das Familienunternehmen. Die Strukturen sind solide, der Kund:innenstamm langjährig gewachsen. Er führt die Firma einige Jahre, entwickelt sie strategisch weiter und trifft schließlich mit 50 eine Entscheidung: Er verkauft das Unternehmen, um kürzer zu treten. Mit finanzieller Sicherheit und einem gewachsenen Netzwerk stehen ihm alle Möglichkeiten offen, ob als Berater, Aufsichtsrat oder Privatier – Christian kann frei wählen, wie es weitergeht.

Aleksandra Jovanović

Aleksandra wird in Belgrad geboren und kommt Ende der 1990er Jahre als Kleinkind mit ihrer Familie nach Österreich. Die ersten Jahre sind von Unsicherheiten geprägt: Aufenthaltsgenehmigungen, Wohnungswechsel, Sprachbarrieren. Ihre Eltern, im ehemaligen Jugoslawien beide berufstätig mit gesicherten Existenzen, müssen in Österreich beruflich neu beginnen. Ihr Vater arbeitet als Lagerarbeiter, ihre Mutter als Reinigungskraft.

Aleksandra wächst zweisprachig auf und übernimmt früh Verantwortung. Sie begleitet ihre Eltern zu Behörden, dolmetscht und füllt Formulare aus. Die Familie verfügt über wenig finanzielle Rücklagen, Bildung wird als zentraler Weg zur sozialen Sicherheit gesehen. In der Schule ist sie engagiert, doch sie kennt niemanden, der ihr zeigen kann, welche Möglichkeiten es gibt. Während Mitschüler:innen sich über Auslandssemester und Au-pair Aufenthalte informieren oder von Familienmitgliedern Tipps erhalten, erschließt sie sich das Schulsystem weitgehend selbst. Eine Lehrkraft rät ihr zur berufsbildenden mittleren Schule – „Damit du schnell etwas Sicheres hast". Später zu studieren wäre Aleksandras eigentlicher Wunsch, doch ohne finanzielle Absicherung oder ein familiäres Netzwerk, das sie dabei unterstützen könnte, rückt die Idee in weite Ferne. Sie entscheidet sich für eine Tourismus-Handelsschule und fängt an nebenbei zu kellnern, um ihre Familie zu entlasten.

Nach ihrem Abschluss arbeitet sie einige Jahre im Gastgewerbe, oft in prekären Beschäftigungsverhältnissen mit langen und unregelmäßigen Arbeitszeiten. Mittlerweile ist Aleksandra Ende zwanzig. Sie hat sich durch ihre Arbeitserfahrung ein solides berufliches Fundament geschaffen, doch sie merkt zunehmend, dass die körperliche Arbeit ihre Spuren hinterlässt und es keine Aufstiegsmöglichkeiten gibt. Der Wunsch nach einer beruflichen Weiterentwicklung ist noch immer da, doch der Weg dorthin bleibt steinig: Die Notwendigkeit, ihren Lebensunterhalt selbst zu bestreiten, lässt wenig Spielraum für eine späte berufliche Neuorientierung.

Bilal Yılmaz

Bilal wird in Österreich geboren, seine Eltern kamen in den 1980er Jahren aus der Türkei nach Österreich ein. Sein Vater arbeitet in der Baubranche, seine Mutter in einer Schulkantine. Bildung wird geschätzt, aber vor allem als Mittel zum Zweck: ein stabiler Beruf mit gutem Einkommen ist das Ziel.

Nach der Mittelschule entscheidet sich Bilal für eine berufsbildende höhere Schule und besucht eine HTL (Höhere Technische Lehranstalt). Er interessiert sich für Technik und sieht darin eine gute Zukunft. Doch die Ausbildung ist teuer: Fachbücher, Laptop, Materialien für Projekte. Kosten, die seine Eltern gerne übernehmen würden, aber nicht können. Er jobbt nebenbei, doch irgendwann reicht es nicht mehr aus. Nach zwei Jahren bricht er die Schule ab. Es folgt eine lange Phase der Unsicherheit. Bilal bewirbt sich auf zahlreiche Stellen, Bürohilfsarbeiten, technische Assistenztätigkeiten, Lagerarbeiten. Rückmeldungen bleiben aus. Wochen vergehen, dann Monate. Er passt seine Bewerbungsunterlagen immer wieder an, doch meist bleibt es bei automatisierten Absagen oder gar keiner Antwort. Beim AMS schlägt sein Berater vor: „Im städtischen Raum gibt es mehr offene Stellen, vielleicht solltest du dich dort bewerben." Eine nachvollziehbare Empfehlung, aber für Bilal schwer umsetzbar. Er hat kein Auto, der öffentliche Nahverkehr in die Stadt ist schlecht ausgebaut, und die Kosten für das tägliche Pendeln übersteigen sein Budget.

Nach einigen Jahren von Job zu Job findet er schließlich eine feste Anstellung als Schichtarbeiter in der Metallverarbeitung. Die Arbeit ist anstrengend, aber sie sichert ihm ein regelmäßiges Einkommen. Jeden Tag pendelt er 1,5 h zur Arbeit was eine Belastung für ihn darstellt, aber für eine sichere Anstellung nimmt er es in Kauf. Als Bilal Mitte dreißig ist ändert sich alles: Ein Arbeitsunfall schränkt seine körperliche Belastbarkeit dauerhaft ein. Schwere körperliche Tätigkeiten, langes Stehen oder Heben sind nicht mehr möglich. Bilal will weiterhin arbeiten und ist bereit, sich neu zu orientieren. Er optimiert seinen Lebenslauf, absolviert eine Umschulung und probiert sich breiter aufzustellen. Er bewirbt sich auf Büro- und Servicetätigkeiten, administrative Hilfsjobs, doch die Rückmeldungen bleiben aus. Die Jahre in der

Produktion, die Lücke durch den Unfall, die späte berufliche Neuorientierung, all das scheint ihn für viele Unternehmen unattraktiv zu machen.

3.3   Fokus rot-weiß-rot: Was in Österreich entscheidend ist

Nur wenige Länder legen so viel Wert auf Titel und Namenszusätze zur Betonung des sozialen und beruflichen Rangs wie die kleine mitteleuropäische Alpenrepublik wie Tab. 3.1 ausdrücklich zeigt. In Österreich stehen über 1500 verschiedene Namenszusätze zur Verfügung, die von akademischen Graden über Berufs- und Amtstitel bis hin zu Ehrentiteln reichen. Ein Distinktionsmerkmal das tief in der österreichischen Kultur verwurzelt ist und eine entscheidende Rolle für Karrieren und soziale Anerkennung spielt.

Ein Blick in die Geschichte erklärt die österreichische Vorliebe für Titel. Unter der Habsburgermonarchie förderte eine ausgeprägte Bürokratie die soziale Hierarchisierung, in der Adelstitel, später auch akademische und bürgerliche Ehrentitel, als Statussymbole dienten. Nach der Abschaffung des Adels im Jahr 1919 verlagerte sich das Streben nach sozialer Anerkennung auf Ehrentitel wie Hofrätin oder Kommerzialrätin. Diese symbolisierten gesellschaftlichen Aufstieg und boten soziale Aufwertung, auch ohne spürbare wirtschaftliche Verbesserung. Eine Tradition, die bis heute fortlebt und Titelträger:innen weiterhin begünstigt, denn mehr als die Hälfte der Befragten in Österreich hält das Tragen eines Titels im Berufsleben für zumindest „wichtig" oder „eher wichtig". Über 60 % glauben, dass Titelträger:innen beruflich erfolgreicher sind, und nehmen sie als selbstbewusster (58 %), zielstrebiger (54 %), durchsetzungsfähiger (47 %) und intelligenter (41 %) wahr. Außerdem geben mehr als die Hälfte der Teilnehmer:innen der Befragung (53 %) an, dass sie Menschen, die einen Titel tragen, anders behandeln als Personen ohne (Marketagent, 2016, o. S.). Denn Titel sind ein Mittel, um zu unterscheiden: zwischen Wissen, dass sich selbst angeeignet wurde und daher immer wieder bewiesen werden muss, und Wissen, dass durch eine formale Bildungseinrichtung anerkannt und legitimiert wurde. Ein Titel dient als Nachweis für Kompetenz und verleiht der:dem Träger:in dauerhaft Anerkennung, die unabhängig von der Person oder dem tatsächlichen Können rechtlich abgesichert ist (Bourdieu, 2012, S. 236 f.).

Tab. 3.1 Auszug österreichischer Titel.[1] (Quelle: Bundeskanzleramt Österreich, o. D.; Bundesministerium für Bildung, Wissenschaft und Forschung, o. D.)

BA od. B.A.	B.phil.	LLB.oec.
BArch	BBA od. B.B.A.	LL.B.
BEd	B.Ed.Univ.	BEng od. B.Eng.
LLB od. LL.B.	B.Rel.Ed.Univ.	BSc od. B.Sc.
BScMed	BScN	BTh
Bakk.	Bakk. Biol.	Bakk. art.
Bakk. rer. nat.	Bakk. phil.	Bakk. pth.
Bakk. iur.	Bacc. rel. paed.	Bakk. rer. soc. oec.
Bakk. techn.	Bakk. theol.	Bakk. (FH)
DI od. Dipl.-Ing.	DI (FH) od. Dipl.-Ing. (FH)	Mag.a med. vet.
Dr.in med. univ.	Dr.in med. dent.	MA oder M.A.
Lic. theol.	Mag.a arch.	Mag.a Biol.
Mag.a	Mag.a sc. hum.	Mag.a art.
Mag.a rer. nat.	Mag.a pharm.	Mag.a phil.
Mag.a phil. fac. theol.	Mag.a psych.	Mag.a pth.
Mag.a iur.	Mag.a rel. paed.	Mag.a rer. soc. oec.
Mag.a theol.	Mag.a des. ind.	Mag.a iur. rer. oec.
Mag.a (FH)	M.phil.	LLM.oec.
MStat	M.Theol.	M.A.I.S.
M.A.(Econ.)	MBA od. M.B.A.	MEd
MDes	MHPE	LLM od. LL.M.
M.Ed.Univ.	MIBI	MPH
MLBT	MPA	MSSc
MSc od. M.Sc.	MScN	EMLE
MScMF	E.MA	MIM
MTh	EMBA	MTD
EMPH	MA Gastrosophy	MMedScAA
M.E.S.	MSD	MCF
MPOS	MAS	MEM

(Fortsetzung)

---

[1] Aufgrund der begrenzten Darstellung in Tabellenform wurde sich für die weibliche Form entschieden.

Tab. 3.1 (Fortsetzung)

MMH	M.B.L.	MHE
MBF	MEng	MLS
MDSc	MFA	MPC
MFP	MLE	MTox
MoHE	MME	PMPH
MLL	MSPhT	P LL.M
MPM	PM	PMPB
Mastère	PM.ME	Dr.in sc. inf. biomed.
PMBA	PMM	Dr.in artium
PMML	PhD	Dr.in rer. nat.
PMSc	Dr.in sc. hum.	Dr.in phil. fac.
Dr.in nat. techn.	Dr.in mont.	Dr.in iur.
Dr.in scient. med.	Dr.in phil.	Dr.in theol.
Dr.in rer. cur. theol.	Dr.in scient. pth.	Hofrätin
Dr.in rer. soc. oec.	Dr.in techn.	Kanzleirätin
Dr.in med. vet.	Dr.in rer. oec.	Medizinalrätin
Regierungsrätin	Amtsrätin	Technische Rätin
Kommerzialrätin	Ökonomierätin	Försträtin honoris causa
Obermedizinalrätin	Veterinärrätin	Studienrätin
Bäurätin honoris causa	Bergrätin honoris causa	Kämmersängerin
Schulrätin	Oberschulrätin	Kontrollorin
Oberstudienrätin	Universitätsprofessorin	Fachoberinspektorin
Kammerschauspielerin	Professorin	Kommissärin
Oberkontrollorin	Fachinspektorin	Oberrätin
Amtsassistentin	Oberamtsassistentin	Parlamentsrätin
Rätin	Hofrätin	Oberrevidentin
Amtswartin	Oberamtswartin	Beamtin
Ministerialrätin	Revidentin	Sektionschefin
Amtsdirektorin	Direktorin	Chefinspektorin
Offizialin	Oberkommissärin	Leitende Staatsanwältin
Aspirantin	Inspektorin	Leitende Oberstaatsanwältin
Staatsanwältin	Erste Staatsanwältin	Generalprokuratorin

(Fortsetzung)

Tab. 3.1 (Fortsetzung)

Oberstaatsanwältin	Erste Oberstaatsanwältin	Assistenzärztin
Generalanwältin/ Generalanwalt	Erste Generalanwältin	Fachhochschulprofessorin
Universitätsassistentin	Assistenzprofessorin	Oberelementarpädagogin (In der Orginalquelle wird der veraltete Begriff der Oberkindergärtnerin verwendet)
Außerordentliche Universitätsprofessorin	Universitätsprofessorin	Erzieherin
Fachhochschullektorin	Elementarpädagogin (In der Orginalquelle wird der veraltete Begriff der Kindergärtnerin verwendet)	Fachoberlehrerin
Lehrerin	Oberlehrerin	Bildungsdirektorin
Obererzieherin	Fachlehrerin	Schulqualitätsmanagerin
	Leiterin der Bildungsregion	

Mit Blick auf die Verteilung von Bildungschancen zeigt sich für Österreich in der Realität jedoch ein konträres Bild. Denn in Österreich wird Bildung immer noch vererbt. Ein Kind aus einer Akademiker:innenfamilie (mindestens ein Elternteil besitzt einen akademischen Abschluss) beginnt dreimal so häufig ein Bachelorstudium wie ein Kind aus einer Arbeiter:innenfamilie. Abb. 3.1 zeigt, je höher der formelle angestrebte Bildungsabschluss, desto schlechter die Chancen für Kinder aus Haushalten ohne akademische Bildung der Eltern (Momentum Institut, 2020, o. S.).

Neben dem entscheidenden Einfluss von formellen Bildungsabschlüssen auf die beruflichen Chancen in Österreich, spielt ein weiterer Faktor beim Zugang zum Arbeitsmarkt eine zentrale Rolle: „Vitamin B" – informelle Netzwerke, berufliche Kontakte und Beziehungen. Eine Untersuchung zeigt, dass knapp die Hälfte (49 %) der Menschen im Alter von 15 bis 34 Jahren ihre Anstellung über den verdeckten Arbeitsmarkt, persönliche Netzwerke oder informelle Kanäle, erhalten haben (Statistik Austria, 2017, S. 56). Vor dem Hintergrund, dass formale Bildung und die damit einhergehenden Titeltüröffner maßgeblich über berufliche Zugangs- und Aufstiegsmöglichkeiten entscheiden, zeigen die Zahlen, die Verlesung derer, die eine Zutrittskarte in den Club bekommen: diejenigen, die jemanden kennen (Diefenhardt et al., 2023, S. 97). Ein System, das funktioniert,

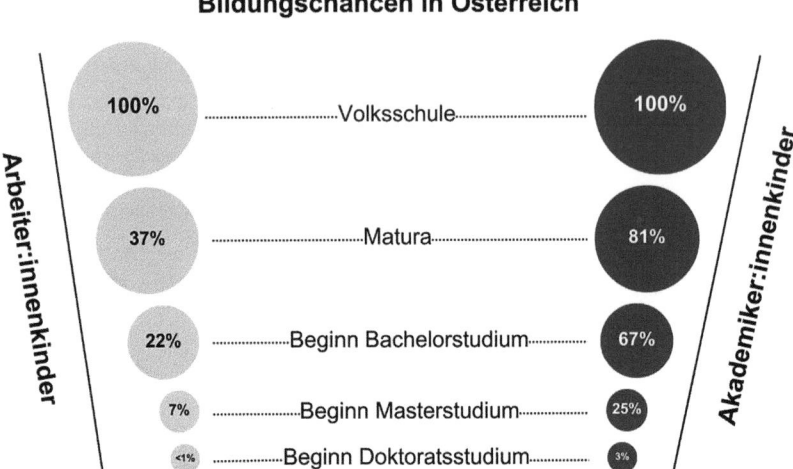

Abb. 3.1 Bildungschancen in Österreich. (Quelle: Eigene Darstellung in Anlehnung an Momentum Institut/Statistik Austria Datenbasis von Statistik Austria, 2020)

wenn man sich die österreichischen Top 1 % ansieht: das gesamte Netzwerk der vermögendsten HNW-Haushalte (High Net Worth) ist eng miteinander verbunden (Pühringer et al., 2024, S. 4). Titel und Netzwerke sind nicht nur soziale Status-symbole, sondern in der österreichischen Wirtschaft echte Karrierefaktoren. Wer über den „richtigen" Hintergrund verfügt, hat bessere Chancen. In Österreich sagt man dazu liebevoll: Freunderlwirtschaft.

Soziale Gerechtigkeit in der österreichischen Corporate World

4

In einer idealen Gesellschaft sollte der berufliche Erfolg eines Menschen von seinem Talent, seiner Entschlossenheit und seinen Fähigkeiten bestimmt werden und nicht von seiner sozialen Herkunft. Doch die Realität zeigt, dass Klassenzugehörigkeit, Bildungszugang und finanzielle Ressourcen eine erhebliche Rolle bei Karrierechancen spielen. Klassismus, also die strukturelle Benachteiligung aufgrund sozialer Herkunft oder wirtschaftlicher Verhältnisse, ist tief in vielen Unternehmensstrukturen verankert. Umso bedeutsamer ist es, dass Unternehmen sich dieser Tatsache bewusst werden und aktiv Maßnahmen zur Förderung sozialer Durchlässigkeit ergreifen. Soziale Gerechtigkeit in der Arbeitswelt bedeutet, dass jede Person die gleichen Chancen auf beruflichen Aufstieg haben sollte. Dennoch zeigt sich immer wieder, dass Kinder aus akademischen Haushalten weit leichter den Weg in gut bezahlte und prestigeträchtige Berufe finden, während Menschen aus weniger privilegierten Verhältnissen mit strukturellen Barrieren konfrontiert sind (siehe Kap. 3).

In den vergangenen Jahren haben einige Unternehmen erkannt, dass sie nicht nur moralisch, sondern auch wirtschaftlich von sozialer Vielfalt profitieren. Heterogene Teams fördern Innovation, Kreativität und eine nachhaltigere Unternehmensentwicklung. Daher setzen immer mehr Organisationen gezielt auf Chancengleichheit und implementieren Programme, die soziale Mobilität begünstigen. Sie hinterfragen ihre Rekrutierungsprozesse, schaffen gezielte Förderprogramme für Talente und entwickeln eine Unternehmenskultur, die soziale Herkunft nicht als Hindernis, sondern als Bereicherung versteht.

In diesem Kapitel präsentieren wir vier Good-Practice-Beispiele, die veranschaulichen, wie Unternehmen soziale Gerechtigkeit aktiv gestalten können.

R. Caric und S. Riedenbauer, *Soziale Herkunft*, essentials, https://doi.org/10.1007/978-3-658-49087-4_4

Diese Fallstudien basieren auf ausführlichen Gesprächen mit den verantwortlichen Akteur:innen, die diese Programme konzipiert und implementiert haben. Ihr Engagement und ihre Ideen sollen eine Inspiration für andere Organisationen sein, die sich ebenfalls auf den Weg machen wollen, soziale Barrieren abzubauen und eine gerechtere Arbeitswelt zu gestalten. Die vorgestellten Fallbeispiele illustrieren, dass soziale Durchlässigkeit nicht nur ein theoretisches Konzept ist, sondern gezielt umgesetzt und in seiner Wirksamkeit messbar gemacht werden kann. Sie verdeutlichen sowohl die Herausforderungen als auch die weitreichenden positiven Auswirkungen einer chancengerechten Unternehmenskultur auf Mitarbeitende, Teams und letztlich auf den gesamten Unternehmenserfolg.

4.1 Chancen als Grundverständnis: Niederschwellige Karrierewege bei McDonald's Österreich

McDonald's ist ein global bekannter Konzern in der Systemgastronomie mit einer bedeutenden Präsenz in Österreich. Mit über 200 Restaurants, die überwiegend von mehr als 40 Franchisenehmer:innen geführt werden, beschäftigt McDonald's in Österreich fast 9600 Mitarbeiter:innen. Diese sind sowohl in den Restaurants als auch in unterstützenden Rollen innerhalb der Franchise-Strukturen und der Servicezentrale tätig. Ein herausragendes Merkmal von McDonald's ist die Offenheit gegenüber Bewerbenden unterschiedlichster sozialer Hintergründe. Das Unternehmen beschäftigt Menschen aus 92 Nationen und ermöglicht einen Einstieg ohne Deutschkenntnisse. Neben einem breiten Angebot an Aus- und Weiterbildungsmöglichkeiten, zu denen unter anderem kostenlose Deutschkurse zählen, unterstützen einige Franchisenehmer:innen ihre Mitarbeiter:innen darüber hinaus bei behördlichen Angelegenheiten oder auch bei der Wohnungssuche. Das macht McDonald's zu einem Paradebeispiel für inklusive Beschäftigungspraktiken.

Traineeship für Nachwuchsführungskräfte

Ein zentraler Bestandteil der Personalentwicklungsstrategie bei McDonald's Österreich ist das Traineeship für Nachwuchsführungskräfte in den Restaurants, das gezielt sowohl internen Mitarbeitenden als auch externen Talenten Ein- und Aufstiegsmöglichkeiten bietet. Die Karriereentwicklung bei McDonald's setzt keine akademische Bildung voraus. Vielmehr steht die individuelle Lernbereitschaft im Mittelpunkt. Zahlreiche Führungskräfte im Restaurant starten als Lehrlinge und übernehmen später unterschiedliche Rollen im Restaurant oder in der Servicezentrale, einige entwickeln sich dann auch hier wieder zur Führungskraft weiter. Die Aufstiegsmöglichkeiten in den Restaurants sind ebenso klar struk-turiert: Vom Crew-Mitglied über die Position des:der Schichtführer:in bis hin zum:zur Restaurantleiter:in gibt es eine transparente Entwicklungsperspektive. McDonald's begleitet diesen Weg durch praxisnahe Schulungen und strukturierte Weiterbildungsmöglichkeiten.

Insbesondere im Rahmen des Traineeships für Nachwuchsführungskräfte, wenn diese extern einsteigen, werden die Teilnehmenden vom ersten Tag an intensiv in das McDonald's System eingearbeitet und lernen alle Rollen kennen, die es im Restaurant gibt. So können sie sich später in der Rolle als Führungskraft auch sicher sein, auf alle Eventualitäten vorbereitet zu sein.

Allgemeine Aus- und Weiterbildung bei McDonald's Österreich

Besonders hervorzuheben ist, dass McDonald's den Mitarbeitenden auch in der Servicezentrale die Möglichkeit bietet, im Rahmen ihrer Karriere, verschiedene Abteilungen kennenzulernen. Dadurch wird ein breites Verständnis des Systems gefördert. Im Restaurant wird durch ein flexibles Schichtmodell ermöglicht, berufs-begleitende Weiterbildungen zu absolvieren. Dabei kann auch das Stundenmodell je nach Notwendigkeit gewechselt und nach Möglichkeit auf die Bedürfnisse eingegangen werden.

Erfolgsbewertung und Learnings

Die Effektivität des Programms zeigt sich durch die vielen Zertifizierungen für die unterschiedlichen Führungspositionen, die im Restaurant laufend vergeben wer-den. Besonders stolz ist man auf die zahlreichen Erfolgsgeschichten. Diese zeigen, dass eine interne Weiterentwicklung möglich ist, egal von welchem Startpunkt man loslegt.

Ein zentrales Learning für Unternehmen, die ähnliche Programme einführen möch-ten, ist die Wichtigkeit eines offenen und flexiblen Recruiting-Prozesses. Statt sich ausschließlich auf formale Qualifikationen zu stützen, zahlt es sich aus, Kandidat:innen individuell kennenzulernen und ihr Potenzial unabhängig von aka-demischen Abschlüssen oder Sprachzertifikaten zu bewerten. Dies eröffnet Chancen für talentierte Menschen, die andernfalls möglicherweise übersehen würden.

Ines Wagner-Schwartz, Employee Experience Consultant, McDonald's Österreich

„Es ist uns wichtig, die echten Geschichten unserer Mitarbeitenden zu teilen, um zu zeigen, dass ein Job bei McDonald's mehr ist, als nur ein Nebenjob. Bei McDonald's schaffen wir Chancen, die weit über die üblichen Erwartungen hinausgehen. Wir sind nicht nur ein Arbeitsplatz, sondern ein Chancengeber. Das ist ein wesentlicher Aspekt unserer Identität, den es hervorzuheben gilt."

4.2   Durchlässigkeit in der Praxis: Fachkarrieren bei Wien Energie

Wien Energie ist der größte regionale Energieanbieter Österreichs und versorgt zwei Millionen Menschen und Tausende Gewerbebetriebe mit Strom, Wärme, Kälte, Elektromobilität, Energiedienstleistungen und Telekommunikation. Verteilt auf fünf großen Standorten mit über 2326 Mitarbeiter:innen, zählt Wien Energie zu den größten Arbeitgeber:innen der Bundeshauptstadt.

Soziale Durchlässigkeit bei Wien Energie
Wien Energie verfolgt eine Strategie der sozialen Durchlässigkeit, bei der Karrierewege unabhängig von Diversitätsdimensionen möglich sein sollen. Obwohl klassische Stellenanzeigen oft noch akademische Abschlüsse voraussetzen, ist die Praxis vielfältiger: Auch Nicht-Akademiker:innen erhalten Chancen, aufzusteigen. Das Unternehmen ist sich bewusst, dass es ein kontinuierlicher Prozess ist, bestehende Barrieren abzubauen und Karrieremöglichkeiten breiter zugänglich zu machen. Daher lebt Wien Energie ein umfassendes Fachkarriereprogramm in unterschiedlichen Fachgebieten. Dieses Programm ist darauf ausgerichtet, individuelle Karrierewege innerhalb eines Fachgebiets (bspw. Kraftwerkskarriere, Servicetechnik) zu ermöglichen und zu fördern. Beispielsweise die Kraftwerk-Fachkarriere gliedert sich in mehrere klar definierte Stufen, die den Mitarbeiter:innen erlauben, sich von der Position eines Betriebswartes bis zur:zum Kraftwerksmeister:in zu entwickeln. Ein wesentlicher Aspekt dieses Programms ist die Zugänglichkeit: Der erforderliche Lehrabschluss kann direkt bei Wien Energie absolviert werden, was die Eintrittsbarrieren signifikant senkt und somit Chancengleichheit gewährleistet.

Kulturwandel und Wertschätzung von Fachkompetenz

Ein tiefgreifender Kulturwandel begleitet die Weiterentwicklung des Fachkarriere-programms, indem die vollwertige Gleichstellung von Fach- und Führungskarrieren angestrebt wird. Dieser Prozess reflektiert, dass fachliche Expertise ebenso wertvoll ist wie Führungsqualitäten. Transparente Karrierewege, die auf der Unternehmens-webseite einsehbar sind, fördern nicht nur die Durchsichtigkeit und Zugänglichkeit, sondern betonen auch die firmenweite Anerkennung von fachlicher Kompetenz als integralen Bestandteil der Unternehmenskultur.

Es werden zudem weitere Initiativen gesetzt, um (zukünftigen) Mitarbeiter:innen Entwicklungsperspektiven im Unternehmen zu bieten.

- *Career Center:* Ein konzernweites Career Center soll Mitarbeitende individuell bei ihrer beruflichen Entwicklung unterstützen. Ziel ist es, interne Karrie-rewege aufzuzeigen und Entwicklungspläne anzubieten, auch wenn formale Qualifikationen nicht unmittelbar erfüllt sind.
- *Flexibilisierungsmaßnahmen:* Zur besseren Vereinbarkeit von Beruf und Privat-leben bietet Wien Energie flexible Arbeitsmodelle und modernste Ausstattung: Egal, ob 3 Tage im Home-Office oder im durchdachten Schichtplan in einer 37,5 h-Woche, modernste Ausstattung unterstützt vernetztes und mobiles Arbei-ten.
- *Kooperationen mit Schulen:* Wien Energie arbeitet eng mit HTLs zusammen und bietet Schnupperpraktika sowie Karriereveranstaltungen an. Dadurch werden potenzielle Fachkräfte frühzeitig angesprochen.

Fortlaufende Entwicklung und Learnings

Das Fachkarriereprogramm ist fest in der Unternehmenskultur von Wien Energie verankert und unterliegt einer kontinuierlichen Weiterentwicklung, um aktuelle und zukünftige Marktanforderungen zu reflektieren. Die aktive Einbindung der Mitar-beiter:innen in die Gestaltung und Verbesserung des Programms stärkt nicht nur deren Identifikation mit dem Unternehmen, sondern fördert auch eine Kultur der Partizipation und des gemeinschaftlichen Fortschritts. Basierend auf den bisheri-gen Erfahrungen empfiehlt Wien Energie anderen Organisationen, die Fachkarriere oder andere Aus- und Weiterbildungsprogramme strategisch klar zu kommunizie-ren und in der Unternehmenskultur zu verankern. Entscheidend sind Transparenz und klare Entwicklungsperspektiven für alle Beschäftigten. Erwartungsmanagement spielt dabei eine zentrale Rolle, um Enttäuschungen zu vermeiden und realistische Karrierewege aufzuzeigen.

Lisa Rumpler, Leitung Organisations- & Personalentwicklung|strategisches DEI-Management, Wien Energie GmbH
„Wir erkennen das Potenzial in allen unseren Mitarbeiter:innen und sind bestrebt, dieses durch transparente Strukturen und gleiche Möglichkeiten für alle zu fördern. Die Gleichstellung von Fach- und Führungskarrieren ist ein zentraler Schritt in unserem fortlaufenden Kulturwandel."

4.3   Weichen stellen: Haltung als Wegweiser sozialer Durchlässigkeit bei den Österreichischen Bundesbahnen

Die Österreichischen Bundesbahnen (ÖBB) sind mit über 45.000 Mitarbeiter:innen eine der größten Arbeitgeber:innen des Landes. Der Konzern umfasst über 130 verschiedene Jobprofile und ist sowohl in größeren Städten als auch in kleineren, regionalen Standorten vertreten. Diese breite Präsenz bringt eine Vielzahl von Herausforderungen mit sich, insbesondere die Integration von Inklusions- und Diversitätsstrategien in verschiedenen regionalen Kontexten. Die Bahnbranche hat historisch gesehen maßgeblich zur Entwicklung von Arbeitnehmer:innen-Rechten beigetragen. Diese Tradition wirkt bis heute nach und beeinflusst die Personalstrategie des Unternehmens. Dabei wird großer Wert auf Solidarität und die Berücksichtigung der sozialen Herkunft gelegt.

Karrierewege und Durchlässigkeit bei den ÖBB
Die ÖBB demonstriert eindrucksvoll, wie durchlässige Karrierewege gestaltet werden können. Viele Mitarbeiter:innen steigen als Lehrlinge ein und erreichen später Abteilungsleitungspositionen. Somit besteht auch ohne einen akademischen Hintergrund die Möglichkeit, sich bis in hohe Führungspositionen zu entwickeln. Dabei unterstützen die ÖBB durch umfassende interne Weiterbildungsprogramme, die sowohl fachspezifische Kenntnisse als auch General Management Skills vermitteln. Der Fokus der Personalentwicklung liegt dabei auf dem Credo des lebenslangen Lernens.

Quereinsteiger:innen im Fokus
Um den Fachkräftemangel zu adressieren und neue Zielgruppen anzusprechen, setzen die ÖBB verstärkt auf Quereinsteiger:innen. Dabei legt das Unternehmen Wert auf eine kompetenzorientierte Personalstrategie. Bewerbende müssen keine

spezifische Ausbildung mitbringen, sondern werden ermutigt, sich basierend auf ihren Fähigkeiten zu bewerben. Die Förderprogramme für Quereinsteiger:innen des ÖBB-Konzerns richten sich an Menschen aus unterschiedlichsten Lebenswegen, einschließlich Langzeiterwerbslosigkeit, älterer Menschen und Menschen mit Migrationsbiografie. Diese Programme illustrieren das Engagement des Konzerns für Diversität und aktive Inklusion. Die Motivation zur Schaffung dieser Perspektiven beinhaltet die Suche nach Fachkräften und die Inklusion von Personen, die aktiv an der Gesellschaft teilhaben möchten.

Nachwuchsförderung durch Bildungspartner:innenschaften
Die ÖBB engagieren sich aktiv in der Ausbildung junger Talente und zählen zu den größten Lehrlingsausbilder:innen Österreichs. Aktive Kooperationen mit Schulen und Berufsschulen stellen sicher, dass Nachwuchskräfte frühzeitig gefördert werden und nahtlos in den Berufseinstieg übergehen können.

Haltung statt Programm
Die Förderung von Quereinsteiger:innen ist für die ÖBB weniger eine starre Initiative als vielmehr eine grundlegende Überzeugung. Karrierechancen entstehen nicht allein durch klassische Bildungswege – sie sind das Ergebnis einer offenen Unternehmenskultur, die Potenziale erkennt und fördert. Diese Einstellung spiegelt sich in zahlreichen Erfolgsgeschichten wider. Die ÖBB setzen konsequent auf soziale Durchlässigkeit und Vielfalt. Indem sie Menschen aufgrund ihrer Fähigkeiten und nicht ihrer formalen Qualifikationen fördern, schaffen sie neue Karriereperspektiven und stärken ihre Attraktivität als Arbeitgeberin. Die Grundhaltung „In Möglichkeiten denken" prägt das gesamte Unternehmen und ist ein entscheidender Erfolgsfaktor für die Personalstrategie.

Traude Kogoj, Gleichstellungsbeauftragte und Leiterin des Lösungscenters Inclusion & Diversity, ÖBB Konzern
„Durch das Denken in Möglichkeiten schaffen wir bei den ÖBB einen Rahmen, der es allen ermöglicht, unabhängig von Herkunft, Geschlecht oder sozialer Schicht die Unternehmenskultur mitzugestalten und den Konzern weiterzubringen!"

4.4   Qualifizierung als Motor: Soziale Durchlässigkeit bei den Wiener Stadtwerken

Die Wiener Stadtwerke-Gruppe ist eine bedeutende Infrastruktur- und Mobilitätsdienstleisterin mit über 18.000 Mitarbeiter:innen. Sie verantwortet zentrale und grundlegende Bereiche der Energieversorgung, des öffentlichen Nahverkehrs sowie digitale Innovationen. Das Unternehmen verfolgt das Ziel, Wien bis 2040 klimaneutral zu gestalten. In diesem Kontext sind gut ausgebildete und flexible Fachkräfte entscheidend. Daher ist das Prinzip der sozialen Durchlässigkeit fest in ihre Unternehmensphilosophie integriert. Mit der „Basic IT Academy" hat die Wiener Stadtwerke-Gruppe ein zukunftsorientiertes Ausbildungsprogramm ins Leben gerufen, das gezielt Quereinsteiger:innen mit unterschiedlichen beruflichen Hintergründen den Zugang zu qualifizierten IT-Berufen eröffnet.

Soziale Durchlässigkeit als Unternehmensstrategie
Die Wiener Stadtwerke sehen soziale Durchlässigkeit als wichtigen Bestandteil ihrer Konzernstrategie. Mit einer Reihe gezielter Initiativen werden Hürden für Mitarbeiter:innen mit unterschiedlichsten Bildungs- und Berufswegen abgebaut. Dazu gehören:

- *Jobtausch-Programme,* die Einblicke in andere Unternehmensbereiche gewähren und berufliche Neuorientierung erleichtern.
- *Cross-Mentoring-Programme,* die verschiedene Talente auf Führungspositionen vorbereiten.
- *Interne Weiterbildungs- und Ausbildungsangebote,* die es den Mitarbeiter:innen ermöglichen, ihr Wissen stetig zu vertiefen und ihre Fähigkeiten kontinuierlich auszubauen.

Die Basic IT Academy: Eine Brücke für Quereinsteiger:innen
Ein Vorzeigeprojekt im Bereich sozialer Durchlässigkeit ist die Basic IT Academy. Sie wurde ins Leben gerufen, um dem IT-Fachkräftemangel zu begegnen und Quereinsteiger:innen ohne IT-Vorkenntnisse neue berufliche Perspektiven zu eröffnen.

Das sorgfältig strukturierte, 18-monatige Ausbildungsprogramm der Basic IT Academy gliedert sich in drei Hauptphasen: In der Onboarding-Phase erhalten die Teilnehmer:innen eine Einführung in die IT-Organisation der Wiener Stadtwerke, vernetzen sich innerhalb der Gruppe und lernen grundlegende Themen wie IT-Sicherheit kennen. In der Basic-Phase erwerben sie die Grundlagen in Wirtschaftsinformatik, Softwareentwicklung und IT-Projektmanagement, sammeln praktische Erfahrungen im Fachbereich und vertiefen ihre Kenntnisse in der anschließenden Spezialisierungsphase, um sich auf Junior-Positionen in den Fachbereichen der jeweiligen Konzernunternehmen vorzubereiten. Dieser Aufbau fördert nicht nur die fachliche Kompetenz, sondern bereitet auch auf reale Arbeitsbedingungen vor. Darüber hinaus erhalten die Teilnehmer:innen ab dem ersten Tag Gehalt und durch die Zusammenarbeit mit dem FH Technikum Wien können ECTS-Punkte erworben werden, die eine weiterführende akademische Laufbahn erleichtern und möglichen machen.

Die Academy zeichnet sich durch ihre hohe Flexibilität aus, indem sie auch in Teilzeit absolviert werden kann, was eine maßgeschneiderte Anpassung an die persönlichen Lebensumstände der Teilnehmer:innen ermöglicht. Die einzigen Voraussetzungen für Bewerber:innen sind ein Mindestalter von 18 Jahren und der Abschluss der Pflichtschule. Diese bewusst niedrig gehaltenen Zugangskriterien sind darauf ausgerichtet, den Pool der Bewerber:innen so divers und umfangreich wie möglich zu gestalten, um eine breite Palette an Talenten anzuziehen und zu fördern.

Erfolgsaussichten der Absolvent:innen
Die Wiener Stadtwerke-Gruppe demonstriert mit ihrer Basic IT Academy, wie Unternehmen soziale Durchlässigkeit aktiv fördern können. Durch gezielte Initiativen und ein modernes Verständnis von Personalentwicklung entstehen vielfältige Karrieremöglichkeiten für eine breite Zielgruppe. Besonders bemerkenswert ist der hohe Frauenanteil: Rund die Hälfte der Teilnehmenden sind weiblich, was einen wichtigen Beitrag zur Geschlechtergerechtigkeit in der IT-Branche leistet. Nach erfolgreichem Abschluss stehen den Absolvent:innen Junior-Positionen in allen Konzernunternehmen der Wiener Stadtwerke offen.

> **Anja Djurkic, Personalentwicklerin – Talent Management und Martin Hartl, Projektmanagement Strategische IT, beide Wiener Stadtwerke GmbH**
> „Im Laufe der Zeit sammeln Menschen Erfahrungen und Qualifikationen in ihrer jeweiligen Profession. Doch jede:r von uns trägt das Potenzial in sich, zu wachsen, Neues zu lernen und sich weiterzuentwickeln. Es sind nicht die bisherigen Qualifikationen oder der berufliche Hintergrund, die den Wert eines Menschen bestimmen, sondern die Ziele, die angestrebt werden, und die Begeisterung, mit der diese verfolgt werden. Genau da setzen wir mit der Basic IT Academy an: wir fördern Motivation, Begeisterung und Interesse."

Fazit und Zukunftsgedanken

5

Soziale Herkunft ist kein nebensächlicher Faktor, sondern eine tief verwobene Strukturkategorie, die als Teil des gordischen Knotens sozialer Gerechtigkeit über Bildungswege, Karrierechancen und gesellschaftliche Teilhabe entscheidet. Sie bestimmt, wer auf Führungsebene Platz nimmt und wer auf niedrigeren Hierarchiestufen verharrt, wer Zutritt zu exklusiven Netzwerken erhält und wer sich an den Rändern des Systems behaupten muss. Ihre Auswirkungen sind nicht zufällig, sondern das Resultat tief verankerter Mechanismen, die bestehende Ungleichheiten verfestigen und soziale Mobilität einschränken.

Unternehmen, die den „3-S-Blick" über sämtliche Dimensionen der Diversität schweifen lassen, dabei aber die soziale Herkunft im toten Winkel übersehen, verleugnen eine der fundamentalsten Achsen sozialer Ungleichheit. Chancengerechtigkeit bleibt eine leere Worthülse, wenn sie soziale Herkünfte entlang der Organisationsstrukturen und -prozesse nicht mitdenkt. Der Blick nach vorne zeigt: Die Zukunft der Arbeitswelt gehört jenen, die (soziale) Herkunft nicht als Barriere akzeptieren, sondern als Ausgangspunkt für gezielte Veränderung begreifen. Und das nicht allein, weil es wirtschaftlich klug ist, sondern weil es die grundlegende Frage berührt, in welcher Gesellschaft wir leben und in welcher wir leben wollen.

R. Caric und S. Riedenbauer, *Soziale Herkunft*, essentials, https://doi.org/10.1007/978-3-658-49087-4_5

Was Sie aus diesem *essential* mitnehmen können

- Mehr Bewusstsein für soziale Herkunft als zentraler Diversitätsfaktor
- Verständnis ungleicher Startbedingungen und etablierter Mobilitätshindernisse
- Wissen über die Notwendigkeit intersektionaler Perspektiven in Diversitätsdebatten
- Impulse zur Förderung von Chancengerechtigkeit
- Inspiration, um Initiativen im eigenen Unternehmen zu starten und umzusetzen

Literatur

Achleitner, S., Rauscher, L., & Mader, K. (2024). *Armutsreport. Wer arm ist, bleibt arm.* Dimensionen von Armut in Österreich. Momentum Institut.

Altieri, R. (2022). *#Klassenschranken.* Beobachtungen zum Klassismus: Büchner Verlag.

Amtstitel, Dienstgrade und Verwendungsbezeichnungen. (o. D.). oesterreich.gv.at – Österreichs Digitales Amt. https://www.oesterreich.gv.at/themen/arbeit_beruf_und_pension/titel_und_auszeichnungen/2.html. Zugegriffen: 28. Febr. 2025.

Angel, S., Bittschi, B., Horvath, T., Kogler, M., & Mahringer, H. (2023). *Aktivierbare Arbeitsmarktpotenziale und "Stille Reserven" in Österreich.* Österreichisches Institut für Wirtschaftsforschung.

Aulenbacher, B. (2018). Im Sog des Leistungsprinzips. Über Leistung, Gerechtigkeit, Ungleichheit und das Beispiel der Sorgearbeit. In Die Armutskonferenz (Hrsg.), *Achtung. Aberwertung hat System. Vom Ringen um Anerkennung, Wertschätzung und Würde* (S. 37–45). Ebook.

Becker, R., & Hadjar, A. (2009). Meritokratie: Zur gesellschaftlichen Legitimation ungleicher Bildungs-, Erwerbs- und Einkommenschancen in modernen Gesellschaften. In R. Becker (Hrsg.), *Lehrbuch der Bildungssoziologie* (S. 35–59). VS Verlag.

Bendl, R., Hanappi-Egger, E., & Hofmann, R. (2012). *Diversität und Diversitätsmanagement.* facultas. https://doi.org/10.36198/9783838535197.

Benschop, Y., Janssens, M., Nkomo, S., & Zanoni, P. (2010). Unpacking Diversity, grasping, inequality: Rethinking difference. *Organization.* https://doi.org/10.1177/1350508409350344.

Berthold, N., & Gründler, K. (2017). *Ungleichheit, soziale Mobilität und Umverteilung.* Verlag Kohlhammer. https://doi.org/10.17433/978-3-17-031553-2.

Berufstitel. (o. D.). oesterreich.gv.at – Österreichs Digitales Amt. https://www.oesterreich.gv.at/themen/arbeit_beruf_und_pension/titel_und_auszeichnungen/Berufstitel.html. Zugegriffen: 28. Febr. 2025.

Bock-Schappelwein, S., & Egger, A. (2023). *Arbeitsmarkt 2030. Rückschlüsse für Österreich.* Österreichisches Institut für Wirtschaftsforschung.

Bourdieu, P. (2012). Ökonomisches Kapital, kulturelles Kapital, soziales Kapital. In U. Bauer, U. H. Bittlingmayer, & A. Scherr (Hrsg.), *Handbuch Bildungs- und Erziehungssoziologie* (S. 236–237). Bildung und Gesellschaft. VS Verlag für Sozialwissenschaften.

Boxenbaum, E. (2006). Lost in translation: The making of Danish diversity management. *American Behavioral Scientist*. https://doi.org/10.1177/0002764205285173.

Bräuhofer, M., & Rieder, P. (2019). *Diversity Management: Vielfalt managen*. brainworker.

Bronner, K., & Paulus, S. (2021). *Intersektionalität: Geschichte, Theorie und Praxis*. Verlag Barbara Budrich. https://doi.org/10.36198/9783838556376.

Bundesministerium für Bildung, Wissenschaft und Forschung. (o. D.). Akademische Grade. https://www.bmbwf.gv.at/Themen/HS-Uni/Anerkennung/Akademische-Grade.html. Zugegriffen: 28. Febr. 2025.

Carr, E. W., Reece, A., Rosen Kellermann, G., & Robichaux, A. (2019). The value of belonging at work. Harvard Business Review. https://hbr.org/2019/12/the-value-of-bel onging-at-work. Zugegriffen: 16. Febr. 2025.

Christensen, M., Hallum C., Meitland, A. Parrinello, Q., & Putaturo, C. (2023). *Survival of the richest. How me must tax the super-rich now to fight inequality*. Oxfam GB. https://doi.org/10.21201/2023.621477.

Crenshaw, K. W. (2010). *Die Intersektion von „Rasse" und Geschlecht demarginalisieren: Eine Schwarze feministische Kritik am Antidiskriminierungsrecht, der feministischen Theorie und der antirassistischen Politik*. VS Verlag für Sozialwissenschaften (S. 33–54). https://doi.org/10.1007/978-3-531-92555-4_2.

Diefenhardt, F., Eggenhofer-Rehart, P., Latzke, M., Rapp, M., Reiss, L., Schiffinger, M., Schneidhofer, T., & Zellhofer, D. (2023). *Karriereachterbahn: Was unsere Berufswege wirklich beeinflusst*. Linde Verlag GmbH.

Dornmayr, H., & Riepl, M. (2024). *Unternehmensbefragung zum Arbeits- und Fachkräftebedarf/-mangel. Arbeitskräfteradar 2024*. Institut für Bildungsforschung der Wirtschaft.

Duden Online. (2025). Vielfalt. https://www.duden.de/rechtschreibung/Vielfalt. Zugegriffen: 08. Febr. 2025.

Eisnecker, P., Adriaans, J., & Liebig, S. (2018). *Was macht Gerechtigkeit aus? Deutsche WählerInnen befürworten über Parteigrenzen hinweg das Leistungs- und das Bedarfsprinzip*. DIW aktuell Nr.17.

Fent, T., & Fürnkranz-Prskawetz, A. (2019). *Demographischer Wandel – geänderte Rahmenbedingungen für den Sozialstaat?* Bundesministerium für Arbeit, Soziales, Gesundheit und Konsumentenschutz.

Förster, M. F., & Königs, S. (2019). Förderung der sozialen Mobilität in Österreich. In *Sozialpolitische Studienreihe. Bd. 26. Bundesministerium für Arbeit, Soziales, Gesundheit und Konsumentenschutz*.

Gamper, M., & Kuper, A. (2024). *Klassismus*. UTB. https://doi.org/10.36198/9783838559278.

Geißler, R. (2006). Soziale Mobilität. In *Die Sozialstruktur Deutschlands*. VS Verlag für Sozialwissenschaften. https://doi.org/10.1007/978-3-531-90593-8_12.

Hillmert, S. (2019). *Meritokratie als Mythos, Maßstab und Motor gesellschaftlicher Ungleichheit*. Tübingen. https://doi.org/10.13140/rg.2.2.20954.70081.

Hofbauer, J. (2021, April 4). In J. Nagiller (Hrsg.), „Meritokratie. Die Leistungsgesellschaft ist ein Mythos". https://science.orf.at/stories/3205419/. Zugegriffen: 10. Jan. 2025.

Karagiannakis, E. (2024). *Diversitätskompetenz: Ein Arbeitsbuch für Studium und Beruf*. UTB. https://doi.org/10.36198/9783838563312.

Kemper, A., & Weinbach, H. (2021). *Klassismus. Eine Einführung* (4. Aufl.). Unrast Verlag.

Liu, W., Soleck, G. Hopps, J., Dunston, K., & Pickett, T. (2004). A new framework to understand social class in counseling: The social class worldview model and modern classism theory. *Journal of Multicultural Counseling and Development, 32.* https://doi.org/10.1002/j.2161-1912.2004.tb00364.x.

Marketagent.com. (2016). Titel und akademische Grade in Österreich.

Medizinische Universität Graz (2022, Januar 18). Grazer Impf-Kampagne. #ZusammengegenCorona. https://www.medunigraz.at/news/detail/grazer-impf-kampagne-zusammeng egencorona. Zugegriffen: 18. Dez. 2024.

Momentum Institut. (2020). Bildung wird in Österreich vererbt. Moment.at. https://www.moment.at/story/bildung-wird-oesterreich-vererbt/. Zugegriffen: 28. Jan. 2025.

Moss-Racusin, C. A., Dovidio, J. F., Brescoll, V. L., Graham, M. J., & Handelsman, J. (2012). Science faculty's subtle gender biases favor male students. *Proceedings Of The National Academy Of Sciences, 109*(41), 16474–16479. https://doi.org/10.1073/pnas.1211286109.

OECD. (2018). *A Broken Social Elevator?* How to promote social mobility: Overview and main findings. OECD Publishing. https://doi.org/10.1787/9789264301085-en.

ORF (2022, Januar 19). Kampagne "Du+Ich=Österreich" für mehr Zusammenhalt gestartet. Gemeinsame Initiative von Rotem Kreuz, Ärztekammer, Gesundheitskasse und ORF. https://der.orf.at/unternehmen/aktuell/du-ich-kampagne-start100.html. Zugegriffen: 18. Dez. 2024.

Pühringer, S., Aistleitner, M., Cserjan, L., Hieselmayr, S., & Weber, J. (2024). *Idiosyncrasies of the superrich: On the political economy of wealth concentration in Austria.* Wien: Kammer für Arbeiter und Angestellte für Wien.

Rothmüller, B., & Wagner, F. (2017). *Bildung – Beruf – Profession. Eine bildungs- und professionssoziologische Einführung für Studierende.* tradition.

Rowe, A., & Gardenswartz, L. (2003). *Diverse teams at work: Capitalizing on the power of diversity.* Society for Human Resource.

Schönherr, D., & Leibetseder, B. (2019). *Soziale Stellung und Diskriminierungserfahrungen Sonderauswertung der Studie „Diskriminierungserfahrungen in Österreich".* Kammer für Arbeiter und Angestellte für Wien.

Seeck, F. (2023). Hä, was heißt denn Klassismus? In F. Seeck & B. Theißl (Hrsg.), *Solidarisch gegen Klassismus. Organisieren, intervenieren, umverteilen* (S. 17–19). Unrast Verlag.

Social Mobility Foundation. (2023). The Class Pay Gap 2023. https://www.socialmobility.org.uk/news/the-class-p16.ay-gap-2023. Zugegriffen: 16. Dez. 2024.

Stadt Wien. (2021, Mai 27). Wien bleibt g'sund. #OIDA – WiG rückt Ernährung, Bewegung und seelische mit Wiener Schmäh in den Mittelpunkt. https://presse.wien.gv.at/2021/05/27/wien-bleibt-g-sund-oida-wig-rueckt-gesunde-ernaehrung-bewegung-und-seelische-gesundheit-mit-wiener-schmaeh-in-den-mittelpunkt-bild. Zugegriffen: 18. Dez. 2024.

Stadt Wien. (o.D.). Rechtliche Grundlagen. Bekämpfung von Diskriminierungen. https://www.wien.gv.at/verwaltung/antidiskriminierung/recht.html. Zugegriffen: 18. Dez. 2024.

Statistik Austria. (2017). *Junge Menschen auf dem Arbeitsmarkt: Modul der Arbeitskräfteerhebung 2016.*

Trescher, H. (2022). Barriere. In F. Kessl & C. Reutlinger (Hrsg.), *Sozialraum. Eine elementare Einführung* (S. 451–461). Springer. https://doi.org/10.1007/978-3-658-29210-2_37.

Winkler, G., & Degele, N. (2010). *Intersektionalität: Zur Analyse sozialer Ungleichheiten.* transcript Verlag.

Zrenchik, K., & McDowell, T. (2012). Class and Classism in Family Therapy Praxis: A Feminist, Neo-Marxist Approach. *Journal of Feminist Family Therapy, 24*(2), 101–120. https://doi.org/10.1080/08952833.2012.648118.